MW01252632

LES RELIGIONS MEURTRIÈRES

DU MÊME AUTEUR

Dieu(x), mode d'emploi. L'expérience religieuse aujour-d'hui, avec Arnaud Kleinberg, Gallimard, 2006.

Tuez-les tous ! : la guerre de religion à travers l'histoire, VIIe-XXIe siècles, avec Anthony Rowley, Perrin, 2006.

Israël-Palestine, une guerre de religion ?, Bayard, 2006.

Lettre ouverte aux juifs de France, Stock, 2002.

La France et Israël : une affaire passionnelle, avec Luc Rosenzweig, Perrin, 2002.

« Le XVIe siècle », in *Journal de la France et des Français*, Gallimard, 2001.

Les Frontières de l'Europe, de Boeck, Bruxelles, Belgique, 2001.

Les Juifs et le XXe siècle : dictionnaire critique, avec Saul Friedländer, Calmann-Lévy, 2000.

Histoire universelle des Juifs, Hachette, 1992, 2002.

Une histoire moderne d'Israël, Flammarion, 1988, Champs, 1991.

Lettre d'un ami israélien à l'ami palestinien, Flammarion, 1988.

Le Périple de Francesco Pucci, avec Miriam Eliav-Feldon, Hachette Littératures, 1988.

La Sainte Ligue, le juge et la potence, avec Robert Desci-mon, Hachette Littératures, 1985.

La Politique étrangère du général de Gaulle, avec Saul Friedländer, Presses universitaires de France, 1985.

Israël au XXe siècle, Presses universitaires de France, 1982.

Le Parti de Dieu. Étude sociale et politique des chefs de la Ligue parisienne, 1585-1594, Nauwelaerts, Beauve-chain, Belgique, 1979.

Élie Barnavi

LES RELIGIONS MEURTRIÈRES

Champs actuel

ISBN : 978-2-0812-1305-0

« Il n'y a pas de paix ni de coexistence
entre la religion islamique et les institutions sociales
et politiques non-islamiques. »

(Alija Izetbegovic, ex-président bosniaque,
Déclaration islamique)

« Ô peuple d'Irak, où est ton honneur ? As-tu accepté
l'oppression des putains de croisés ? »

(Abou Moussab al-Zarkaoui,
le « lion d'Irak », janvier 2005)

« Je ne vous empêche pas d'adorer vos pierres,
mais ne les jetez pas sur moi ! »

(Dr Wafa Sultan, psychiatre américaine
d'origine syrienne, lors d'un débat sur al-Jazeera
avec Dr Ibrahim al-Khouli, professeur égyptien
d'études religieuses, 21 février 2006)

Avertissement

Vous croyiez Dieu mort et enterré, ou du moins définitivement chassé de l'espace public. Dans le fracas des bombes et la lueur des incendies, les processions haineuses et les imprécations de ses porte-parole autoproclamés, vous découvrez, effaré, qu'Il revient en force, et avec quel éclat. Eh oui, qui, mieux que lui, saurait aujourd'hui drainer des foules pareilles, dresser de telles murailles, attiser de telles passions, transformer des femmes en fantômes et des jeunes gens en torches vivantes ? Dieu ? C'est une façon de parler. Car de Dieu, on ne sait rien. C'est de la religion qu'il s'agit, c'est-à-dire des mille manières dont les hommes s'imaginent la divinité et organisent leurs relations avec elle et avec leurs semblables.

Que s'est-il donc passé ? Pourquoi cette « illu-sion », dont l'Occident rationaliste n'a cessé de prédire la disparition, résiste avec succès là où les grandes utopies laïques nées de la modernité ont mordu la poussière ? J'ai bien quelques idées là-dessus, pas toutes très originales d'ailleurs ; mais là n'est pas ce dont je veux vous entretenir. J'entends vous parler non de ses causes, mais de ses effets, et plus particulièrement de l'un de ses effets : la violence meurtrière à laquelle se livrent tant de ses adeptes, ainsi que des moyens de leur résister.

Cependant, avant de tenter l'exercice, un coup d'œil panoramique n'est peut-être pas inutile. Car, rançon de cette laïcité à la française qui confond volontiers adhésion et connaissance, de la reli-gion, vous ignorez à peu près tout. En fait, la religion est l'angle mort de votre regard d'Occi-dental.

Considérons un instant la carte des religions du monde, telle que le XXe siècle nous l'a fabriquée. Quel bouleversement ! On dirait que les peuples se sont mis en mouvement, en emportant leurs autels dans leur bagage. Les Juifs ont émigré de l'Europe orientale vers l'Amérique, l'Europe occidentale et la Palestine/Israël, puis d'Afrique du Nord et des pays musulmans de la Méditerranée orientale vers Israël, la France et le Canada. Dans le même temps, par vagues successives, des catholiques (irlandais, italiens, polonais, latino-américains) débarquaient aux États-Unis, jusqu'à compter pour une bonne moitié dans la mosaïque religieuse de ce pays à l'origine protestant. Hindous, bouddhistes et taoïstes ont essaimé dans le monde entier avec les fortes émigrations en provenance de l'Inde, de la Chine et de l'Asie du Sud-Est, avec des concentrations particulièrement denses sur la côte est des États-Unis et en Grande-Bretagne. Enfin, avec quelque vingt millions de musulmans en Europe, l'islam y est désormais solidement implanté comme la deuxième confession en chiffres absolus. Oui, la religion s'est mondialisée. Habitué que vous êtes à penser le monde selon vos critères philosophiques d'Occidental, vous avez du mal à comprendre à quel point l'Occident et ses fils spirituels sont minoritaires dans ce vaste monde. Vous n'avez pas su voir que la mondialisation ne se faisait pas à sens unique, ni sous les seules espèces de l'économie. Car tout s'est « globalisé », les religions comme tout autre système d'échange. Jadis, même lorsqu'elles étaient conquérantes – à l'instar de l'islam, dont la progression à ses débuts a été jugée foudroyante, ou du christianisme, qui a évangélisé à la pointe de l'épée l'Amérique, puis des morceaux d'Asie et d'Afrique –, leur expansion se mesurait en décennies, voire en siècles. Tout va plus vite de nos jours. De vastes mouvements migratoires, d'une ampleur sans précédent, ont transplanté de grosses communautés de croyants loin de leur lieu d'origine ; la véritable mutation qu'ont connue les moyens de transport et de communication de masse a créé les conditions d'une transmission instantanée de messages religieux, en même temps que celles de l'émergence de communautés de croyants virtuelles à l'échelle de la planète. Dans le « village global » théorisé par Marshall McLuhan, il y a désormais des Églises globales, une mosquée globale, une synagogue globale, ainsi que toutes sortes de croisements, plus ou moins inattendus.

Le travail missionnaire à l'ancienne est loin d'avoir disparu : des missionnaires chrétiens sont actifs en Afrique et en Inde, des missionnaires musulmans élargissent sans cesse la diffusion de l'islam en Afrique, des missionnaires mormons et évangéliques transforment en profondeur la carte religieuse de l'Amérique latine et de l'Afrique. Mais si la vieille bonne mission est toujours active, elle s'appuie sur les moyens de communication de masse modernes : le cinéma en Inde et dans le monde musulman, la télévision aux États-Unis (le phénomène des télévangélistes) et en Amérique latine (les prédicateurs pentecôtistes), l'Internet partout jouent un rôle décisif dans la diffusion des messages religieux.

Enfin, c'est la mondialisation des échanges et des moyens de communication qui a permis la transformation de sectes minuscules en entreprises tentaculaires à vocation universelle – ainsi l'Église de l'Unification du révérend Moon ou l'Église de Scientologie du Californien Lafayette Ron Hubbard, écrivain de science-fiction reconverti en fondateur de religion ; le vaste travail de prosélytisme interne de la secte hassidique de Loubavitch en Israël, aux États-Unis et en Europe ; ou la montée en puissance de nouvelles formes de syncrétisme religieux, comme le New Age.

Tout cela brouille singulièrement notre carte, taillée désormais en habit d'arlequin. Tout le monde est partout, la répartition géographique est incertaine, les chiffres aussi. On devine qu'ils sont considérables. Pour des raisons qui n'ont rien à voir avec la statistique et tout avec l'histoire, le judaïsme est systématiquement rangé dans la catégorie des « grandes religions ». Or, il y a quelque treize millions de Juifs de par le monde, soit moins d'une métropole du Tiers Monde de moyenne importance, et dont beaucoup sont des Juifs « ethniques », sans autre lien avec la religion de leurs pères qu'historique et sentimental. Mais les adeptes des vraies grandes religions – christianisme, bouddhisme, islam, hindouisme, religions autochtones de Chine et du Japon – se comptent par centaines de millions, le christianisme restant, de loin, la première confession du monde.

Cette statistique à la louche ne dit d'ailleurs rien sur les attitudes et les pratiques religieuses véritables. Ainsi, si l'Europe reste majoritairement chrétienne, une étude récente publiée par le *Wall Street Journal Europe* (décembre 2004) montre bien l'écart entre une Europe orientale et méridionale encore profondément religieuse et une Europe occidentale largement sécularisée : 97 % des Roumains, 89 % des Grecs et 95 % des Turcs (où l'on voit que le *Wall Street* a déjà résolu l'épineuse question de l'appartenance de la Turquie à l'Europe) se disent croyants, contre 37 % des Tchèques et 47 % des Néerlandais. Seuls 25 % des Européens de l'Ouest assistent à un office une fois par semaine, contre 40 % en Europe orientale, voire 60 % en Pologne. Un autre sondage, publié au même moment par le magazine *Newsweek*, confirme que la nation la plus religieuse d'Occident est la nation américaine : 84 % des adultes américains se proclament chrétiens, 82 % voient en Jésus le fils de Dieu, 79 % croient à l'Immaculée Conception. On est en droit de penser que la proportion des fidèles est encore plus importante dans le monde musulman, aussi bien dans les pays du Dar el-islam qu'au sein des communautés de la diaspora musulmane en Occident, où elles contribuent fortement à ce retour en force du religieux que nous évoquions tantôt.

Que la mondialisation ne se fasse pas à sens unique, ni nécessairement comme nous pouvions l'espérer, c'est l'évidence. La richesse de l'Occident fait envie, mais ses valeurs révulsent, Nike s'exporte mieux que les valeurs de la démocratie laïque. Façonné par des siècles de rationalisme triomphant, amolli par une civilisation du bien-être où l'individu est tout et la collectivité n'est pas grand-chose, habitué par une paresse intellectuelle érigée en système à ignorer ce qui gêne vos certitudes jusqu'à oublier les racines de votre propre civilisation, comment affronteriez-vous un phénomène auquel rien ne vous a préparé ? Il faut vous y faire pourtant, il y va de vos valeurs, de vos libertés, de votre mode de vie, de l'avenir de vos enfants. Il faut que vous sachiez à qui vous avez affaire. Croyant, il vous faut savoir comment la foi peut faire de certains des assassins ; mécréant, il faut que vous compreniez ce à quoi vous ne croyez point. Ce n'est qu'ainsi armé que vous pourrez vous défendre contre un adversaire très différent de tous ceux que le siècle passé a dressé contre vous, contre nous tous.

Comme les temps bénis de la guerre froide nous semblent lointains, n'est-ce pas. Certes, vivre à l'ombre du mur de Berlin avec l'épée de Damoclès de la Bombe au-dessus de la tête n'était pas bien joyeux. Mais enfin, le totalitarisme soviétique était né de nos œuvres, il se réclamait de nos valeurs, il procédait d'une rationalité et obéissait à des schémas de pensée que nous connaissions bien, pour les avoir inventés. C'était la face sombre des Lumières, de nos Lumières. Nous avions tâté aussi du terrorisme, Ben Laden n'a rien inventé. Mais ces terrorismes-là s'inscrivaient aussi dans des schémas familiers. Connaissant leurs causes, nous étions en mesure d'en combattre les effets. Nous pouvions lire dans la tête des enfants de Fanon, ou de Marx, ou de Netchaïev, nous les *comprenions*. Ce terrorisme-ci, nous ne le comprenons pas, car il nous est radicalement étranger.

Cela fait bien trente ans que je cherche à pénétrer dans l'intimité de ces gens, à saisir leurs mobiles, à suivre les méandres de leurs raisonnements et les mouvements de leurs sentiments. J'ai découvert cette espèce particulière de l'*homo sapiens*, le mal nommé, en étudiant la Sainte Ligue, ce mouvement catholique jusqu'au-boutiste dont la défaite par Henri de Navarre a mis fin aux guerres de Religion qui ont déchiré la France des Valois. Comme Heinrich Mann, qui en avait eu l'intuition dans un roman historique célèbre, *La Jeunesse d'Henri IV*, j'ai cru y voir le premier véritable parti totalitaire d'Occident – le premier *Parti de Dieu*, tel était le titre que j'ai donné à l'ouvrage né de cette recherche. Un titre prémonitoire. Peu de temps après, dans la foulée de l'invasion israélienne au Liban, est né le Hezbollah chiite. Hezbollah, en arabe, veut dire littéralement « parti de Dieu ». Comment n'aurais-je pas été sensible à ce qui me paraissait davantage qu'une simple coïncidence – une récurrence ? Nous vivions à l'époque au rythme de la révolution khomeyniste en Iran, et, fort de ma familiarité avec les fous de Dieu du XVIe siècle, j'essayais de convaincre les décideurs politiques et militaires de mon pays que les fous de Dieu du XXe n'allaient pas disparaître de sitôt de notre paysage, qu'ils étaient là pour rester et sévir un bon bout de temps. Je leur expliquais que, à quatre siècles de distance, je retrouvais dans l'islam radical les mêmes structures mentales et sentimentales que dans le catholicisme ligueur. Je leur disais que, comme j'étais aussi radicalement différent qu'eux-mêmes de ces énergumènes, je ne pouvais me vanter d'avoir tout compris de ce qui les animait et les faisait agir. Mais l'historien est obligé de croire que la nature humaine n'est pas qu'une vue de l'esprit, autrement dit que cette différence abyssale est de culture, non de nature, sinon l'étude du passé lui serait interdite. Rien à faire, ils ne comprenaient pas hier, pas plus que vous ne comprenez aujourd'hui.

Ce petit livre a pour ambition de vous faire partager un peu de mon expérience des fous de Dieu. Ce n'est pas un ouvrage d'histoire des religions, ni de théologie. C'est un pamphlet politique, qui vise à vous armer intellectuellement afin que vous soyez mieux armé moralement pour la guerre qui a déjà commencé. La guerre pour quoi ? Eh bien, je vous l'ai dit, la guerre pour la sauvegarde de vos valeurs, de vos libertés, de votre mode de vie. Bref, de l'avenir de vos enfants.

PREMIÈRE THÈSE :

« Religion » est un mot-valise

Donc, il vous faut sortir de vous-même pour pénétrer des systèmes de pensée qui vous sont radicalement étrangers. Ce n'est pas une mince affaire, je vous l'accorde.

La première chose que je vous demande, c'est de cesser de considérer les religions comme des touts cohérents, ce qu'elles ne sont pas. Il y a autant d'associations d'idées que de systèmes religieux, et, à l'intérieur de chacun d'entre eux, autant d'associations d'idées que de chapelles et de courants. Car de toute évidence, tout cela évolue non seulement dans le temps, comme toute institution humaine, mais aussi en fonction du milieu social et culturel. Ainsi, les adeptes des trois monothéismes parlent volontiers de leur religion comme d'un bloc monolithique : l'islam considère que, les chrétiens croient que, dans le judaïsme on fait ceci ou cela... Or non seulement chacune de ces appellations recouvre une variété d'Églises et de courants ; mais à l'intérieur même d'un même courant, ou d'une même Église, l'islam n'a pas le même visage à Djakarta et à Djeddah, ni le christianisme à Rome et en Haïti. Et combien différent est le judaïsme religieux d'un juif traditionaliste d'Afrique du Nord de celui d'un juif ultra-orthodoxe lituanien, ou d'un juif réformé américain... Encore sommes-nous là en terre de connaissance. Mais, ce que nous nous entêtons à appeler religion n'a souvent rien à voir avec la religion telle que nous l'entendons. L'hindouisme est-il une religion ou simplement un ensemble disparate de cultes ? Le bouddhisme, le confucianisme sont-ils des religions ou des systèmes philosophiques ?

De tout cela, vous avez bien voulu convenir. Après tout, nous mesurons tous l'écart entre un catholique à qui il arrive de se rendre à la messe et un sectateur de Mgr Lefebvre, ou entre un « juif du Kippour » qui ne s'interdit pas le jambon et un *hassid* à redingote noire et papillotes. Plus difficile est de comprendre à quel point le mot même de « religion » n'a de sens que dans nos catégories mentales d'Occidentaux. Lorsque je vous ai demandé ce que ce mot de « religion » évoquait pour vous, la première image qui vous est venue à l'esprit a été : « des hommes et des femmes en prière dans une église ». Puis, soucieux d'œcuménisme sans doute, vous avez ajouté : « ou dans une mosquée, ou une synagogue... » Je vous ai alors fait remarquer que c'était une image surgie d'un esprit occidental. Elle trie, elle sépare, elle plante des bornes. Elle délimite un espace consacré, c'est-à-dire dévolu à Dieu, en laissant dehors ce qui n'appartient qu'aux hommes. « Mais c'est bien ce que fait la religion », avez-vous rétorqué.

Nous avons alors ouvert le dictionnaire, ce grand pourvoyeur de certitudes. Le *Petit Larousse* propose deux définitions pour « religion » : « Ensemble de croyances et de dogmes définissant le rapport de l'homme avec le sacré » ; ou encore « Ensemble de pratiques et de rites propres à chacune de ces croyances ». La première définition renvoie à ce que les théologiens appellent l'« orthodoxie », autrement dit à ce qu'il faut croire ; la seconde, à l'« orthopraxie », à ce qu'il faut faire. « Vous voyez bien, vous ai-je dit, on est toujours à l'intérieur d'un champ clos, soigneusement balisé. »

Bien sûr, ce champ est vaste, bien plus vaste qu'une maison de prière. Ce terme vague et commode recouvre des croyances et des mythes, des pratiques et des institutions, des textes et des traditions, des lieux et des itinéraires, la violence du sacrifice et la consolation de la prière, la fraternité des fidèles et la guerre contre l'infidèle, des figures de dieux et de saints, de héros et de vilains. C'est aussi une structure de pouvoir, un réseau d'échanges, une grille d'interprétation du monde, un baume contre l'angoisse existentielle de l'individu et de la collectivité. C'est enfin un système symbolique, pourvoyeur de sens, d'espoir, de valeurs et d'identité, et c'est précisément pour cela que la religion produit autant de violence : ces choses-là sont assez importantes pour qu'elles vaillent la peine de tuer et de se faire tuer pour elles. En effet, même les religions considérées comme éminemment iréniques – l'hindouisme, le bouddhisme zen, et, bien entendu, le christianisme, la religion du *Sermon sur la montagne*, du martyre et de la joue tendue – ont versé ou versent dans la violence. Nous en reparlerons, c'est même l'essentiel de ce que j'ai à vous dire. Mais avant, il faut que vous compreniez que toutes les « religions » ne sont pas logées à la même enseigne publique.

C'est dire à quel point nos définitions vous préparent mal, vous homme d'Occident, à comprendre les ressorts intimes des systèmes de croyance autres que le christianisme qui, que vous en soyez conscient ou pas, fait l'humus de votre culture. Certes, le sacré est bien l'une des rares expériences humaines réellement universelles ; mais la religion et le sacré ne sont pas nécessairement la même chose. Certes encore, toute religion est une manière de structurer le monde, de donner une signification à l'existence humaine et d'organiser la communauté ; mais elle n'a pas le même sens partout, ni le même rôle social, ni le même mode de fonctionnement. De fait, le mot même de « religion » n'a de sens que dans le contexte de la civilisation occidentale, car il renvoie à une spécificité occidentale : la définition d'un domaine du sacré distinct d'autres activités sociales. Il est essentiel de comprendre que cette opposition, non entre le profane et le sacré – celle-là, toutes les cultures en font l'expérience –, mais entre la religion et d'autres formes d'organisation sociale, notamment l'État, est si fondamentale pour un esprit occidental, qu'il ne conçoit pas qu'elle lui soit propre et qu'elle n'ait du sens que dans sa propre culture.

Une affaire de mots, direz-vous. Mais c'est important, ça, les mots. On tend à l'oublier dans une civilisation du bavardage comme la nôtre, où la moindre plage de silence est considérée comme une agression insupportable, et où seule l'hyperbole et la boursouflure ont une chance de se faire entendre dans le brouhaha général. Pour parvenir à innerver nos sens blasés par l'avalanche incessante de mots et d'images, un meurtre doit se présenter comme une tuerie, une tuerie comme un massacre, un massacre comme un génocide. On a beaucoup reproché à ce pauvre Bush d'avoir parlé de « croisade » contre le terrorisme. Mais, outre qu'il eût plutôt fallu s'émerveiller qu'il ait pu trouver ce mot dans son vocabulaire riche comme une bande dessinée, il n'a fait que se conformer à l'inflation langagière de notre temps.

Comment dès lors prêter l'oreille aux nuances essentielles qui départagent les systèmes de croyance qui fondent les civilisations et que nous rangeons tous sous le vocable trompeur de « religion » ?

« Religion » en arabe se dit *din*, « la Loi », ce qui n'est pas du tout la même chose ; l'hébreu a dû emprunter un concept persan, *dat*, qui revêt le même sens. N'est-ce pas curieux que les deux systèmes de croyance qui passent parmi les plus durs, les plus exigeants, n'aient pas de mot pour dire « religion » ? Mais cela s'explique très bien si l'on se donne la peine de réfléchir à la manière dont ils sont venus au monde : ni le judaïsme ni l'islam ne conçoivent la religion comme un domaine distinct des autres formes d'activité sociale, car tous les deux constituent des systèmes totaux, façonnés dès l'origine par une relation particulière au sacré. Ici, pas d'État qui précède la « religion », comme dans le christianisme, mais une « religion » qui invente l'État pour en faire sa chose, et qui se confond avec lui. Nous y reviendrons. Et encore s'agit-il ici de parents proches, de branches issues du même tronc. Mais que faire du culte des ancêtres, des totems, des chamans et des sorciers des peuples colonisés ? Eh bien, missionnaires et anthropologues en ont fait des systèmes en « isme », le christianisme servant ainsi de modèle inconscient pour tous les systèmes de croyance. Peu importe qu'ils aient considéré ces croyances comme fausses : c'étaient des « religions » tout de même, assimilables à leur propre conception du sacré.

Tout cela est plutôt confus, je vous le concède, et bien loin de vos préoccupations. Dans le confort intellectuel et moral dans lequel vous étiez installé, il vous suffisait de savoir que les hommes cultivaient des manières différentes d'adorer leurs divinités et de considérer ces différences avec la bienveillance tolérante que vous ont fabriquée des siècles de relativisme culturel. Vieille affaire occidentale que ce relativisme culturel, souvent pimenté d'exotisme. Sans même remonter à Hérodote, vous vous souvenez sans doute du texte fameux où Montaigne règle le compte aux préjugés de ses contemporains à propos des « Cannibales » : « Or je trouve [...] qu'il n'y a rien de barbare et de sauvage en cette nation [...] sinon que chacun appelle barbarie ce qui n'est pas de son usage ; comme de vrai, il semble que nous n'avons autre mire de la vérité et de la raison que l'exemple et idée des opinions et usances du pays où nous sommes. Là est toujours la parfaite religion, la parfaite police, parfait et accompli usage de toutes choses... » (*Essais*, Livre I, chap. XXXI). Le relativisme culturel n'est pas mauvais en soi. Il a permis de voir l'homme derrière l'étranger, plutôt que l'étranger derrière l'homme, autrement dit de concevoir l'humanité. Mais là où il a parfois conduit au relativisme moral, il a été destructeur des systèmes de défense immunitaire. Et cela, c'est une catastrophe.

Toute religion est politique

Si Montaigne nous a invités à nous méfier des certitudes fortes, la sécularisation de nos sociétés nous a fait oublier cette vieille vérité, qui revient nous hanter en ce début de millénaire : la religion, toute religion, reste d'abord une affaire de groupe, c'est-à-dire de pouvoir. L'historien sait que l'orthodoxie et l'orthopraxie religieuses ont, toujours et partout, structuré la vie sociale, l'anthropologue sait que, sauf dans nos sociétés dûment sécularisées, cela est encore le cas aujourd'hui. Il est grand temps que le citoyen s'en souvienne, lui aussi : *toute religion est politique*. Sauf dans nos sociétés dûment sécularisées, précisément.

Qu'est-ce que cela veut dire ? D'abord que, sauf dans nos sociétés dûment sécularisées, cette orthodoxie et cette orthopraxie, il est de l'obligation du groupe de les imposer à l'individu, pour son propre salut comme pour le salut de la communauté, s'il le faut contre sa propre volonté. Dans les sociétés traditionnelles, où « religion », société et autorité se confondent, cela ne pose point problème : toute « sortie de religion » y équivaudrait à une sortie de société et à la mise au ban de l'individu, et est donc proprement impensable. Aussi la coercition religieuse n'a-t-elle de sens que là où la religion est un champ social plus ou moins autonome, et où l'individu dispose d'une certaine capacité de choix (c'est, rappelons-le, la signification étymologique d'« hérésie »). Le système religieux dominant cherchera alors à remettre l'individu dans le droit chemin. Majoritaire, il aura à sa disposition pour ce faire la force de l'État, comme dans l'Europe des guerres de la Réforme et de la Contre-réforme, ou, aujourd'hui, dans les États où l'islam est religion d'État. Minoritaire, comme les juifs et les protestants, il comptera sur la formidable cohésion de groupe des religions persécutées.

Ensuite, que la religion, toute religion, dresse une série de murailles entre deux entités changeantes, mais toujours soigneusement définies – « nous » et « les autres » : entre ses fidèles et le monde extérieur des infidèles ; et, au sein des monothéismes, entre orthodoxes et hérétiques, ou encore entre orthodoxes et sectaires. Selon l'esprit du temps, c'est-à-dire les conditions sociales et culturelles qui fabriquent l'idéologie dominante, ces murailles sont plus ou moins hautes, plus ou moins étanches, plus ou moins poreuses. Mais elles ont toujours existé et existeront toujours ; elles ne tomberont que lorsque tout le monde aura vu la lumière. *Toute religion révélée est une religion de combat ; seules les armes changent, et l'ardeur à s'en servir.*

Enfin, que la religion, toute religion légitime des hiérarchies. Il y a d'abord la distinction primordiale et universelle entre les hommes et les femmes. Il y a ensuite la séparation radicale entre purs et impurs. Et il y a enfin la hiérarchie, formelle ou informelle, fondée sur l'âge, le titre, la fonction, le savoir, ou le charisme, ou sur une combinaison de tous ces éléments ou d'une partie d'entre eux, des hommes de religion.

On aura compris, le message religieux inscrit l'ordre social dans un ordre qui le dépasse – dans une hiérarchie cosmique. La place de l'individu apparaît ainsi non comme la résultante de forces sociales et politiques qui reflètent l'avantage moralement discutable des puissants du jour ; elle illustre un projet divin qui fonde l'équilibre de l'univers. C'est là que la religion puise sa force coercitive, c'est pour cela qu'elle est irrésistible. Résister à l'ordre social, c'est résister aux dieux.

Un mot de Philipp Melanchthon, le bras droit de Luther, dit bien le double rôle que remplit la religion. Qu'en attendons-nous, se demande le réformateur allemand ? Deux choses, une morale civique et une consolation contre la mort et le Jugement dernier. D'un côté, la voie vers un au-delà qui transcende la misérable condition de l'homme ici-bas, issu qu'il est du néant et condamné à y retourner ; de l'autre, on l'a vu, la consécration d'un ordre politique et social. Concilier les deux, voilà la grande affaire. Car comment promettre le Ciel tout en sanctifiant la Terre ? Les religions résolvent la contradiction en faisant de la promesse divine le fondement de l'ordre social. *Omnis potestas a Deo*, « toute autorité trouve sa source en Dieu » : le vieil adage des légistes absolutistes vaut pour tous les systèmes religieux, et, du moins jusqu'aux Lumières, pour tous les régimes politiques. La religion, toute religion, est la grande pourvoyeuse de légitimité.

Cette conviction était tellement ancrée dans les esprits et si fortement inscrite dans la réalité, qu'on n'imaginait pas un ordre politique et social stable sans le soutien légitimant de la religion. C'était un lieu commun de la pensée politique occidentale, autoritaire (Machiavel, Hobbes) ou libérale (Locke, Montesquieu), que Gibbon résume à sa manière : pour le vulgaire toutes les religions sont également vraies, pour l'homme d'État toutes les religions sont également fausses et également utiles. Le peuple étant incapable de distinguer entre morale et religion, il faut une religion pour le soumettre à la morale. Même Rousseau, l'apôtre de la démocratie, prêche pour une religion civile, comme si le peuple souverain ne saurait à lui seul fonder sa propre légitimité. Et son disciple Robespierre, résolument hostile à l'athéisme, appliquera la leçon du maître : le culte de l'Être suprême sera censé remplacer le christianisme, cette vieille superstition des peuples esclaves.

Cependant, cette évidence, somme toute banale, du pouvoir légitimant de la religion, en cache une autre, trop souvent négligée et pourtant bien plus importante aujourd'hui : la religion ne légitime pas nécessairement l'ordre existant. Parfois, elle le conteste pacifiquement, comme certains courants anabaptistes au temps de la Réforme ou les Témoins de Jéhovah dans l'Allemagne hitlérienne. Mais parfois, se muant en force révolutionnaire, il lui arrive de le contester violemment et de chercher à en légitimer un autre, qui reste à inventer. Ce fut le cas en Occident jadis, lorsque seule la religion était assez puissante pour se dresser contre un ordre politique et social que la même religion sanctifiait ; songez à la Ligue catholique en France, aux calvinistes néerlandais ou aux puritains anglais. Ce fut le cas dans le monde colonial hier, lorsque les Églises locales d'Afrique noire ou l'islam du Maghreb et du Machrek colonisés élaborèrent une manière de théologie de la libération avant la lettre. De l'exploitation coloniale aussi sont nés parfois d'étranges mouvements religieux de résistance, comme les cultes dits « du cargo », apparus en Mélanésie après la Seconde Guerre mondiale – cultes syncrétiques, où des éléments chrétiens et autochtones s'unissent aux souvenirs des avions et des navires américains bourrés de bonnes choses du temps de la guerre, pour créer de la protestation politique et de l'attente eschatologique mêlées. Et c'est le cas aujourd'hui avec les différentes chapelles de l'islam radical, qui agissent comme des idéologies politiques révolutionnaires, ou, dans le judaïsme, la frange militante du mouvement de colonisation des Territoires au nom de la promesse biblique, ou encore les Tigres tamouls au Sri Lanka. Dans tous les cas de figure, à la racine de la contestation il y a un principe, mille fois ressassé : lorsqu'il y a contradiction entre la loi de Dieu et celle du Prince, il faut obéir à Dieu plutôt qu'au Prince.

En Occident jadis, disions-nous. Mais ce renvoi dans un passé révolu ne se justifie que dans la perspective de la religion révélée. Or, le refoulement du christianisme dans la sphère privée n'a pas tué l'esprit religieux dans le domaine public, il l'a déplacé. Déchristianisés, les Européens se sont offert des divinités séculières. Car qu'ont été d'autre, les grandes idéologies totales du XXᵉ siècle, sinon des religions de substitution ? Dans cet ordre, le communisme ne fut pas le seul, mais il a atteint une sorte de perfection. Rien n'a manqué à ce messianisme politique-là, ni un corps de doctrine absolutisé, inscrit dans une Écriture sainte, ni un ensemble de cultes et de rites, ni une divinité vivante, avec son Église et son clergé dûment hiérarchisé, ni une Inquisition chargée de pourchasser les déviants de l'orthodoxie, voire de les créer pour mieux glorifier la vraie foi, ni les foules de fidèles exaltés. Dans la masse des ouvrages savants, des œuvres littéraires et artistiques, des témoignages circonstanciés des apostats, voici le soupir extraordinairement révélateur d'une obscure croyante. C'est une jeune femme belge, enceinte, qui est expulsée du Parti communiste local pour cause de déviationnisme bourgeois. Au sortir de son procès, elle murmure éplorée : « Mon fils naîtra en dehors du Parti. » *Extra ecclesiam nulla salus*... Non, rien n'a manqué à cette religion, sinon la promesse de l'au-delà. Rapatrié sur terre, le Paradis s'est mué en utopie, l'utopie s'est dégradée en goulag. La sécularisation de la promesse divine portait en elle-même sa propre condamnation.

Sommes-nous pour autant entrés dans l'ère post-religieuse, du moins en Occident ? D'une part, l'effondrement des religions de substitution a laissé un grand vide idéologique, que les quelques chapelles millénaristes de diverse obédience sont de toute évidence incapables de remplir. De l'autre, le christianisme y a largement épuisé sa tâche politique – sinon, quel sens aurait la séparation de l'Église et de l'État ?

Ce n'est pas aussi simple. Ce n'est pas uniquement une question de statistiques. Aux États-Unis, la séparation, rigoureuse, de l'Église et de l'État est inscrite dans la Constitution ; mais elle ne vaut pas séparation de l'État et de la religion. Les Américains se définissent comme *One Nation*

Under God, leur président jure sur la Bible, le discours politique est empreint de religiosité, et les billets de banque portent toujours la devise *In God We Trust*. En Europe même, les clivages ethniques et socio-économiques se déclinent souvent sur le mode religieux : Catholiques et Protestants en Ulster, Catholiques, Orthodoxes et Musulmans dans l'ex-Yougoslavie, Juifs et Musulmans en France – tout cela en lettres capitales, puisque, davantage que de confessions au sens strict, c'est de catégories identitaires de groupe qu'il s'agit. Mais la religion a toujours servi de pôle identitaire.

Que cette sortie du religieux soit problématique, la querelle de la laïcité, qui a rebondi en France de si spectaculaire manière autour d'un bout de tissu, le montre bien. L'Occident oublie que sa laïcité est née d'une histoire particulière, et que cette histoire lui a légué une conception du sacré qui n'a pas de sens ailleurs. Ainsi, l'hébreu et l'arabe ignorent tout bonnement le vocable « laïc », qu'ils traduisent comme ils peuvent – et improprement – par des néologismes : l'hébreu par *khiloni*, ce qui veut dire « profane », l'arabe par *ilmani*, qui signifie « rationaliste », ou « érudit » (dérivé de la racine *ilm*, « savoir »). Les Turcs, eux, ont sagement opté pour l'adoption

pure et simple du terme français : *laik*. « Laïc »,
rappelons-le, est d'abord un mot d'Église, qui
rend compte de l'état de celui qui n'est pas clerc,
tout comme « séculier », qui vient de *saeculum* et
renvoie au monde d'ici-bas.

Aussi bien, comment séparer l'Église et l'État
là où il n'y a ni Église ni État ? Ou plutôt, là où
la religion telle que l'Occident la conçoit n'existe
pas, et l'État tel que lui l'a conçu n'a été qu'un
produit d'importation ?

Le fondamentalisme est une lecture particulière de la religion

Fondamentalisme, intégrisme, religion radicale... Pour dire cette réalité nouvelle qui nous assaille, les mots ne manquent pas. Mais, là encore, ils sont source de confusion plutôt que de clarification. Mettons un peu d'ordre dans tout cela, voulez-vous.

Qu'est-ce qu'une attitude fondamentaliste en religion ? J'en ai eu la révélation, si j'ose dire, en bavardant un jour avec un soldat sous mes ordres, dans un bataillon de réservistes. Ce garçon, un juif ultra-orthodoxe portant papillotes et franges rituelles qui juraient avec son uniforme, avait échappé comme tous ses congénères au service d'active, mais, par une de ces incongruités dont la logique militaire a le secret, pas aux périodes de réserve. J'écoutais sur mon transistor un morceau de musique de chambre. « Beethoven », lui dis-je. « C'est quoi, ça », rétorque le bonhomme. « Eh ! bien, Beethoven, tu sais bien, le compositeur... — Jamais entendu parler », tranche-t-il, comme si je lui avais parlé d'un obscur faiseur de madrigaux de la Renaissance. J'insiste : « Même si tu ne t'intéresses pas à la musique, tu as bien dû entendre ce nom à la radio... — Je n'ai pas la radio, m'explique-t-il alors, elle n'a rien à m'apprendre. J'ai la Bible, et elle me suffit amplement, et j'ai Rachi [grand commentateur du Moyen Âge]. Tout est dans la Bible pour qui sait la lire. — Tout, l'électricité et l'atome, le moteur à explosion et l'avion supersonique, tout, vraiment ? — Oui, tout... » Il aurait pu ajouter la radio, puisqu'il est écrit que « Dieu écouta la Voix d'Israël... »

Cette conversation aurait pu se dérouler dans la *Bible belt* américaine, ou dans quelque madrasa pakistanaise. Où l'on voit que le fondamentalisme, qui nous semble une invention du 11 septembre, est un état d'esprit vieux comme les religions elles-mêmes. Les religions de l'écrit du moins.

Voici donc une première évidence de bon sens. Pour qu'il y ait fondamentalisme, il faut qu'il y ait un corpus de textes sacrés qui exprime la parole divine et sur lequel on puisse se « fonder ». Il n'y a pas de chamanisme fondamentaliste, pas plus qu'il n'y eut jadis de religion romaine fondamentaliste.

Le processus est toujours le même. Les textes sacrés étant obscurs, pour en dégager la vérité cachée il faut les interpréter. Ces interprétations, sacralisées à leur tour, s'empilent au cours des siècles pour former un imposant et fort disparate corpus textuel, lui-même interprétable à l'infini. La tentation est grande dès lors de « retourner » aux sources, aux « fondamentaux » de la foi. Ce sera le travail des « réformateurs ». La « réforme », dans ce cas, n'a point le sens novateur dont on revêt ce vocable de nos jours ; c'est, étymologiquement, un retour à une « forme » primitive qu'il est urgent de retrouver, une attitude volontairement passéiste et littéralement réactionnaire. En ce sens, les humanistes chrétiens du siècle de la Réforme, qui sont pour la plupart restés dans le giron de l'Église catholique, et les protestants, qui s'en sont séparés, étaient, à leur manière, des fondamentalistes. Ils cherchaient à débarrasser la pierre précieuse de l'enseignement des Écritures de la gangue accumulée par des siècles d'exégèse ecclésiale et de droit canon. La Bible, Ancien et Nouveau Testaments, étant la parole du Dieu vivant, il faut lire la Bible, pas ses exégètes. « Il ne faut rien affirmer qui ne se trouve dans l'Évangile », assénait l'un d'entre eux, l'humaniste français Jacques Lefèvre d'Étaples. Cependant, pour lire la parole de Dieu, il importe qu'elle soit la bonne, la vraie. D'où le travail philologique et historique nécessaire pour la débarrasser des scories des mauvaises traductions. Établir le texte original, le traduire ensuite en vernaculaire pour le mettre à la portée des fidèles, tel était le souci premier de ces hommes.

Avec des bonheurs divers, et des conséquences sociales et politiques diverses, toutes les religions dites du Livre ont connu la tentation fondamentaliste. Le judaïsme a connu la sienne sous les espèces du karaïsme, ce courant né à Bagdad au VIIIe siècle dont les adeptes professaient la supériorité de la loi écrite (*Torah*, ou encore *Mikra*, l'« Écriture », d'où « Karaïtes ») sur la tradition orale du Talmud. Une petite communauté d'environ vingt-cinq mille membres éclatée entre Israël et l'Ukraine se réclame encore de ce fondamentalisme-là. Dans l'islam, le fondamentalisme le plus puissant, le wahhabisme, fut fondé dans le

Nadjd, en Arabie, au XVIIIe siècle par le prêcheur dont il porte le nom, Mohammed ibn Abd al-Wahhab, l'inspirateur de la maison de Saoud. Puritaine et rigoriste, la réforme wahhabite prétendait restaurer un islam originel, fidèle à la lettre du Coran et véritablement orthodoxe.

Le fondamentalisme est une pente savonneuse. Rien de plus capiteux que la quête des origines, et la pureté qui est censée s'y trouver. Qu'il reste un effort individuel d'ordre intellectuel et spirituel, et il ne cherchera pas à bouleverser l'ordre social et politique existant. C'est bien d'ailleurs ce que reprochaient les tenants de la Réforme radicale à Érasme et à ses émules. Qu'au contraire, il se fige en une ou plusieurs Églises, ou courants théologiques, et il suscitera à son tour des vocations réformatrices ; on trouve toujours plus pur que soi. C'est ainsi que, dans les marges de la Réforme protestante, a surgi une myriade de groupuscules millénaristes. La plupart de ces sectes, qu'on regroupe généralement sous le vocable vague d'« anabaptistes » (ceux qui réclamaient un second baptême à l'âge adulte), étaient pacifiques et ne voulaient rien imposer à personne. Mieux, ces impatients qui n'en finissaient pas d'attendre la fin des temps pour le lendemain, ces élus de Dieu qui seuls avaient su lire Son message se retranchaient du monde, de sa violence et de son injustice, et leur unique revendication était qu'on les laissât tranquilles. Voyez les Amish, par exemple, cette secte issue au XVIIe siècle d'une autre secte, les mennonites, devenue trop « laxiste » aux yeux de certains – phénomène de scissiparité bien connu dans les mouvements radicaux, religieux ou non –, qui vivent maintenant dans des communautés rurales aux États-Unis et au Canada. Ils s'habillent de noir, roulent en carriole, refusent d'utiliser les commodités de la technologie moderne.

Ce fondamentalisme-là, comme celui de mon interlocuteur ultra-orthodoxe, n'est pas bien gênant pour la société ambiante. C'est même parfois excellent pour le tourisme. Plus noblement, une démocratie doit savoir supporter en son sein, ou plutôt sur ses marges, des communautés excentriques, même si elles méprisent l'État et se moquent ouvertement de ses lois. Ainsi, à Jérusalem, une secte de l'ultra-orthodoxie nommée Netoreï Karta (les « gardiens de la cité ») professe un antisionisme virulent, fait la fête le jour où la nation commémore ses fils tombés au champ d'honneur et envoie des émissaires à Téhéran pour dire au président Ahmadinejad tout le bien qu'elle pense de son projet de liquider l'« entité sioniste ». Ainsi encore, ce groupuscule américain spécialisé dans les manifestations aux abords des cortèges funéraires des soldats tombés en Irak – une poignée d'énergumènes originaires du Kansas qui agitent des pancartes proclamant la haine de Dieu pour une Amérique coupable de tolérer l'homosexualité et remerciant le Tout-Puissant de tuer des GI (« *God hates the U.S.* », « *Thank God for dead soldiers* »). Bon.

Évidemment, cette tolérance ne peut s'exercer qu'à deux conditions. D'abord, que les excentriques ne soient pas trop nombreux. Il y a quelque cent quatre-vingt mille Amish, quelques centaines de Netoreï Karta et... soixante-quinze membres de l'Église homophobe du Kansas, tous de la même famille d'ailleurs ; s'ils étaient légion, cela poserait problème. Ensuite, et surtout, il importe qu'ils ne s'adonnent pas à la violence. Pour qu'il devienne dangereux donc, il faut que le fondamentalisme, loin de s'abstraire du champ politique, cherche à s'en emparer. Et qu'il s'y emploie par des moyens violents. Bref, il faut que d'irénique, il devienne révolutionnaire.

Le fondamentalisme révolutionnaire est une lecture totalitaire de la religion

Venons-en à l'essentiel. Car je me doute bien que vous vous fichez pas mal des fondamentalistes façon Amish. Le fondamentalisme qui légitimement vous angoisse est celui qui a fait irruption dans votre vie dans les années quatre-vingt et quatre-vingt-dix, sur le sol européen, et qui ne cesse depuis de semer la mort aux quatre coins de la planète.

En cherchant à cerner au plus près ce phénomène, j'avais cru utile naguère de distinguer entre fondamentalisme et intégrisme, celui-là sécessionniste et pacifique, celui-ci politique et violent. À la réflexion, cette distinction a fini par me paraître vide de sens, du moins pour notre propos. Il y a bien une différence, certes. Si le fondamentaliste cherche à faire « retour » aux fondamentaux de la foi, l'intégriste, lui, entend figer toute évolution des croyances et des pratiques dans un système supposé définitif et immuable, dans une *tradition* sacralisée une fois pour toutes par l'usage et l'autorité des anciens. Érasme était fondamentaliste mais non intégriste, les sectateurs de Mgr Lefebvre sont intégristes mais pas spécialement fondamentalistes, les Amish sont les deux. Mais ces attitudes et les querelles, que parfois elles suscitent, n'intéressent plus aujourd'hui que ceux qui se reconnaissent dans le système et n'ont aucune incidence sur la vie de ceux qui ne s'y reconnaissent pas. Si je ne suis pas catholique pratiquant, ou pas catholique du tout, les schismatiques d'Écône me laisseront de marbre. Bien sûr, il en serait autrement s'ils décidaient de prendre le maquis pour imposer à tout le monde l'abrogation des décrets du concile Vatican II et la messe selon saint Pie X. La différence est donc la violence, plus exactement la disponibilité à user de la violence afin de renverser l'ordre impie existant et transformer la société selon le schéma prescrit par la lecture fondamentaliste de la religion. Plutôt que de parler d'intégrisme, vaut mieux donc appeler ce phénomène « fondamentalisme révolutionnaire ».

Voyez Abdallah d'Arabie Saoudite et son sujet rebelle Oussama Ben Laden. Qu'est-ce qui les différencie en fin de compte ? Le fondamentalisme ? Mais ils le sont tout autant. Difficile d'imaginer plus fondamentaliste que le régime wahhabite, qui impose la charia, le droit musulman, avec toute la rigueur possible, y compris dans ses aspects qui nous révulsent le plus : on y coupe la main du voleur, on y lapide la femme adultère, le prosélytisme y est puni de mort et la moindre chapelle chrétienne y est formellement interdite. L'intégrisme ? Mais ce régime n'est pas plus évolutif dans son interprétation de la tradition religieuse que les hommes d'al-Qaida. Pourquoi alors le régime wahhabite, qui n'a cessé d'exporter l'intégrisme musulman aux quatre coins de la planète, passe pour inoffensif (et ami de l'Occident), alors que Ben Laden et ses séides nous inspirent une telle terreur ? Parce que le premier est conservateur, autrement dit ne passe pas à l'acte lui-même. Ce qui les sépare donc n'est pas la doctrine, ni l'objectif final ; mais la méthode.

Comme nous le constaterons chemin faisant, le fondamentalisme révolutionnaire n'est pas spécifiquement musulman, même si c'est surtout le cas de nos jours. C'est une attitude d'esprit, qui, selon les époques, s'est manifestée avec plus ou moins de vigueur dans toutes les religions révélées. Pour la comprendre, il faut se rappeler que les monothéismes sont des religions historiques, dont la conception du temps est linéaire. Il y eut un commencement, il y aura une fin. Entre les deux, un moment de révélation a fait naître cette histoire sacrée-là, nécessairement supérieure à toutes les autres, mieux, qui doit être nécessairement celle de l'humanité entière : le don de la Torah à Moïse sur le mont Sinaï, l'avènement du Christ, la vision de l'ange Gabriel à Mahomet. Cette conception de l'histoire, qui débouche sur le Jugement dernier, est génératrice d'angoisse personnelle et collective, dont les implications politiques peuvent être redoutables. Que faire en attendant le Rédempteur, annonciateur de la fin du temps et donc des misères de l'homme ? À cette question, la plupart des chefs religieux ont toujours répondu : rien, il ne faut rien faire. Attendre humblement, prendre son mal en patience, espérer. Le Messie viendra à son heure, selon la volonté de Dieu, dont les voies, comme chacun sait, sont impénétrables. Mais d'autres, plus impatients, n'ont pas pu attendre. Le feu sacré qui brûlait dans leurs veines les poussait à l'action. Il faut, disaient-ils, aplanir le chemin du Rédempteur. Cette attitude-là, qu'on appelle en christianisme « millénarisme » parce qu'elle vise à hâter le millénium, l'âge d'or de mille ans censé régner sur terre après le Second Avènement du Christ, a existé et existe encore, nous le verrons, dans les trois monothéismes. C'est d'elle que procède le fondamentalisme révolutionnaire.

Je sais ce que vous allez me dire. Vous me reprocherez d'ignorer la dimension sociale du fondamentalisme révolutionnaire. Vous me direz que ces prétendues attitudes religieuses cachent en fait des revendications qui n'ont rien à voir avec la religion, et tout à voir avec la pauvreté, le chômage de masse, la misère, l'arriération culturelle, économique et sociale, la frustration nationale, que sais-je encore. Je n'ignore rien de tout cela. Je sais qu'un conflit de religion n'est jamais que de religion. C'était déjà vrai lors des « vraies » guerres de Religion, celles qui ont ensanglanté la France du XVIe siècle, qui, pour dresser l'une contre l'autre deux conceptions ennemies du christianisme, n'en comportaient pas moins des aspects politiques, dynastiques et sociaux, nationaux et internationaux. C'est tout aussi vrai aujourd'hui, bien sûr.

Cependant, alors comme maintenant, la religion n'est jamais un simple manteau dont on recouvrirait des intérêts inavouables. C'est une vraie cause, sans laquelle les autres auraient peut-être été insuffisantes pour allumer un conflit d'envergure, et, l'eussent-elles fait, n'auraient pas débouché sur un conflit de même nature. Mieux, ou pis, ce n'est pas une cause de plus, mais la première de toutes, celle qui offre aux autres le ciment idéologique qui sinon leur aurait fait défaut. Car le fondamentalisme révolutionnaire est un système où la religion investit l'ensemble du champ politique, en réduisant la complexité de la vie à un principe explicatif unique, violemment exclusif de tous les autres. *À l'instar du communisme ou du fascisme naguère, il fonctionne comme une idéologie totalitaire.*

Vous voulez des exemples, dites-vous. Je vous en donnerai bien volontiers. Mais laissez-moi d'abord vous toucher un mot sur la Vérité.

Les religions révélées connaissent plus que d'autres la tentation du fondamentalisme révolutionnaire

Toute religion, dites-vous, porte la violence comme la nuée l'orage. Je vous l'accorde bien volontiers, à condition que vous m'accordiez que cela est vrai de toute institution humaine qui exige de ses membres un investissement affectif exclusif : l'État, la nation, la classe, le Parti...

Si j'insiste là-dessus, ce n'est pas pour sauver l'honneur de la religion, qui se passe fort bien de mon satisfecit. C'est pour attirer votre attention sur un fait généralement oublié, mais qui a son importance. Le comportement des institutions, comme celui des individus, n'est pas prédestiné. Il est le produit d'une histoire, c'est-à-dire de conditions sociales, politiques et culturelles qui n'ont cessé d'évoluer avec le temps.

Pour dire les choses simplement, il y a les textes sacrés, et il y a ce que les hommes en font. Prenez la race, par exemple. Comme vous le savez, le critère racial est en principe incompatible avec les religions révélées. En principe. Car en fait, toute religion peut être source de discrimination et de ségrégation sociales, voire raciales. Certes, comme le prouve l'acte même de la conversion, les religions révélées sont par définition exemptes de racisme. Ici, pas de castes fondées sur le sang comme dans l'hindouisme ; l'obsession de la *limpieza de sangre* de l'Église catholique de la Reconquête est une aberration du point de vue chrétien, tout comme l'antisémitisme racial. La conversion peut être une simple formalité, comme le baptême des chrétiens ou la profession de foi des musulmans, ou, chez les juifs, un chemin long et semé d'embûches. Cependant, enseignée par les prophètes d'Israël, par Jésus et les apôtres ou par Mahomet, et propagée par leurs disciples, la vérité est bonne pour l'ensemble de l'humanité, tout le monde y a droit et il est du devoir de tous d'y accéder. Et pourtant : le même calvinisme qui a fondé aux Pays-Bas la société la plus tolérante de l'Europe moderne est devenu en

Afrique du Sud l'idéologie de l'apartheid. Et, transposés aux États-Unis, les groupes protestants libertaires du Vieux Continent ont légitimé, en religion, aussi bien le génocide des Indiens que l'esclavage des Noirs. Il en va de même de l'esclavage, que l'islam autorise mais que la loi interdit partout, y compris dans les pays gouvernés par la charia, ou du statut de la femme, cette laissée-pour-compte de presque tous les systèmes religieux, ou encore du statut des minorités.

C'est pourquoi je dis à qui veut bien m'entendre qu'il est aussi stupide d'aller chercher dans le Coran les sourates qui prêchent la guerre sainte pour rendre compte des agissements de Ben Laden que de glaner dans la Bible de quoi expliquer le geste de l'assassin de Rabin. Certes, c'est ce qu'ils font, eux. Mais leurs adversaires, au sein des mêmes religions, trouveront d'autres sourates, d'autres versets, pour justifier un comportement exactement contraire. Les Écritures sont des auberges espagnoles, on y vient avec ce qu'on a et l'on y trouve ce qu'on veut. En langage savant, cela s'appelle l'exégèse. Mais tous les fidèles font de l'exégèse comme Monsieur Jourdain faisait de la prose. N'en déplaise aux fondamentalistes, eux-mêmes interprètent les textes, ne serait-ce que par les choix qu'ils y opèrent.

Je réfléchissais à tout cela en lisant l'autre jour un article fort savant sur les réactions des bouddhistes japonais à la modernisation de leur pays par le régime Meiji, autour de 1900. Je vous avais demandé, non sans perfidie, ce que vous pensiez de l'attitude du bouddhisme à l'égard de la violence. Ah, le bouddhisme, avez-vous susurré, tout attendri déjà, et déjà prêt à faire une exception à la règle tantôt si impérieusement énoncée, le bouddhisme n'est pas violent, la version zen surtout. Irénisme, abnégation de soi jusqu'au sacrifice, interdiction absolue d'attenter à la vie d'autrui, « tout être sensible participant de la nature du Bouddha »... Hélas ! j'ai de mauvaises nouvelles pour vous. Le gouvernement impérial japonais n'a eu aucun mal à incorporer le bouddhisme dans son système et à en faire un redoutable outil de propagande. Mieux, des moines bouddhistes ont formé des générations de soldats aux techniques de combat, voire ont participé eux-mêmes aux opérations, et avec quel zèle, avec dans les oreilles le cri de l'un d'entre eux : « Mourir est un bonheur ; tuez-les tous ! »

Voici un exemple, et non des moindres puisqu'il s'agit de Sawaki Kodo (1880-1965), un maître de l'école Soto. En 1904, ce moine vénéré s'est trouvé enrôlé dans la guerre russo-japonaise.

Au début, témoigne-t-il dans ses mémoires, il a trouvé l'idée pénible. Mais, dès son baptême du feu, il est saisi d'une grande frénésie. Il tire sans arrêt, avec bonheur. Lorsque son fusil est surchauffé, il urine dessus pour le refroidir, lorsqu'il devient inutilisable, il en prend un autre sur le corps d'un camarade mort. « Combattre est facile, me suis-je dit. Jusqu'à ce que j'arrive ici, rien de ce que j'ai vécu ne m'a donné un tel sentiment de liberté. Il n'y a pas de meilleure place au monde... J'ai souvent entendu des gens dire avec admiration : "Qui est ce gars ?" "Ah, c'est un moine zen." "Je comprends maintenant. Laisse le boulot aux moines zen, ils sont braves." Je me suis senti rempli d'orgueil ; c'était un sentiment formidable... J'ai tué plein de gens dans la guerre russo-japonaise. Il y eut une bataille en particulier où nous avons attiré les ennemis dans une fosse et nous les avons canardés avec une belle efficacité. » Et cela continue comme cela, sur des pages et des pages, *ad nauseam*... Comment lui et ses pairs ont-ils justifié tout cela ? Peu importe, ce n'est pas notre sujet. La casuistique fait des ravages sous tous les cieux, et elle est étrangement la même. Est-ce à dire que l'enseignement de paix et de non-violence du bouddhisme est tout mensonge ? Non, pas plus que les croisades, l'Inquisition et la Saint-Barthélemy n'ont rendu caduc le message de paix des Évangiles. C'est dire simplement que oui, vous aviez raison, toutes les religions, les plus iréniques y compris, portent la violence comme la nuée l'orage. Que les conditions sociales s'y prêtent, et elles y donneront libre cours.

Cela dit, la violence des moines guerriers du bouddhisme n'a rien à voir avec le fondamentalisme révolutionnaire. Elle en est même le contraire : la manifestation d'une soumission sans faille à l'ordre établi, la preuve d'une remarquable souplesse d'échine. Pour qu'il y ait fondamentalisme révolutionnaire, il faut une conception forte d'une vérité unique et absolue. Voyons cela d'un peu plus près.

Qu'est-ce que la vérité ? À cette question, les religions apportent des réponses diverses. Lorsqu'on posa un jour à Bouddha toutes sortes de questions touchant l'éternité du monde, la nature des rapports entre l'âme et le corps et la vie après la mort, celui-ci répondit par une parabole. Cela équivaut, dit-il, à un homme transpercé d'une flèche empoisonnée, qui, au lieu d'envoyer chercher un chirurgien, annonce à ses familiers qu'il ne se fera pas arracher cette flèche du corps avant de savoir si l'homme qui l'a tirée est « noble ou brahmane, marchand ou ouvrier, son nom et celui de son clan, s'il est grand, petit ou de taille moyenne, si sa peau est noire, brune ou dorée... » (*The Collection of the Middle Length Sayings*, 3 vol., II, 97.) Aussi bien, les moines n'ont pas à s'inquiéter de « spéculations inutiles, comme : le monde est éternel, le monde n'est pas éternel ; le monde est fini, le monde est infini ; la vie et le corps sont une seule et même chose, la vie et le corps ne sont pas une seule et même chose, l'âme survit au corps, l'âme ne survit point au corps... Les moines doivent raisonner ainsi : cela est souffrance (*dukkha*), cela conduit à supprimer la souffrance » (*The Book of Kindred Sayings*, 5 vol., V, 354). Comme on le voit, le bouddhiste considère la vérité comme un état purement subjectif. Ce n'est pas le contenu qui l'intéresse, mais la condition mentale du fidèle. Son objectif ne sera pas de faire sien un corpus de sentences objectivement « vraies », mais de parvenir à un état mental qui règle une fois pour toutes le problème subjectif de sa souffrance. On comprend qu'il n'y ait pas de fondamentalisme révolutionnaire bouddhiste, voire pas de fondamentalisme du tout.

Ce n'est pas ainsi que raisonnent juifs, chrétiens et musulmans. Pour eux, la religion n'est pas une recette pour échapper à la condition humaine comme pour les bouddhistes, ni un simple rouage fonctionnel dans la machinerie sociale comme elle l'était pour les Grecs et les Romains. Elle est bien plus que cela : l'écrin d'une vérité transcendante et absolue, exclusive de toute autre. La question sceptique de Ponce Pilate : « Qu'est-ce que la vérité ? » n'a pas de sens pour son interlocuteur. Juifs, chrétiens et musulmans ignorent le doute, sinon comme crise de conscience individuelle. Un pamphlet ultra-catholique français du temps des guerres de Religion dit cela très bien, dans la naïveté brutale que requiert le genre : si la religion des huguenots est la bonne, adoptons-la, si la nôtre est la vraie, restons catholiques, mais professer les deux, cela ne se peut...

Il y a des nuances entre les trois. C'est le christianisme qui a poussé le plus loin l'affirmation théologique d'une vérité absolue. Pour comprendre cela, il faut se rappeler que le christianisme se développe à l'intérieur d'une tradition philosophique, le néoplatonisme, qui considère la vérité en soi comme l'expression objective d'une réalité ontologique. La vérité *est*, indépendamment de nous, et il nous appartient de la découvrir. Le salut consiste précisément en cette découverte. Qu'on trouve autre chose, et ce ne sera point la vérité, mais le mensonge. Le juif, lui, croit à la vérité objective, mais ne se soucie point de l'atteindre. Lui s'intéresse d'abord à l'action : « Dans toute dispute entre les Sages qui ne porte que sur des questions de foi, et qui n'induit pas d'action, assène Maïmonide (*Commentaire de la Mishna*, traité « Sanhédrin », 10 :3), on ne décide point en faveur de l'une ou l'autre partie. » Le plus grand penseur juif de tous les temps est pourtant un authentique philosophe, un des rares que le judaïsme religieux ait jamais produits ; mais le chemin de la rédemption ne passe pas par la réflexion abstraite sur des vérités métaphysiques – que l'homme est de toute manière incapable de saisir –, mais par l'action concrète. Qu'est-ce que la vérité pour un juif orthodoxe ? La *halakha*, qui est un corpus législatif. La vérité qui lui importe, celle qui a un sens pour sa vie, est une question de droit. La vérité tout court est du ressort de Dieu. Ainsi, c'est la loi qui est absolue, dans ce sens où toute question juridique doit finir par être tranchée. Le vieux débat entre les deux grandes écoles halakhiques de l'Antiquité, l'école de Shamaï et l'école d'Hillel, est résolu dans le Talmud par la voix céleste qui proclame dans un même souffle la nature équivoque de la vérité métaphysique – « Ceux-ci et ceux-là [l'école de Shamaï et l'école d'Hillel] disent la parole du Dieu vivant... » – et l'absolue nécessité d'un verdict juridique univoque : « et la *halakha* est selon l'école d'Hillel » (*Talmud de Babylone*, traité « Eruvin » 13 :2). Cette tension entre vérité métaphysique (« la parole du Dieu vivant ») et vérité juridique est formidablement illustrée par le débat entre Rabbi Éliezer et d'autres Sages de son temps (IIe siècle). La question débattue est mineure : l'impureté attachée à un certain type de four. Rabbi Éliezer se retrouve seul face à tous les autres. Afin de démontrer la justesse de son opinion, il se livre à une série de miracles spectaculaires. Cela laisse de marbre ses adversaires, qui refusent de considérer ces miracles comme preuves valables. C'est à ce moment que Dieu se mêle de la discussion et se range clairement du côté de Rabbi Éliezer. La réaction de Rabbi Yehoshua, le représentant de la majorité, est proprement étonnante : « Ce n'est pas au Ciel », autrement dit, l'argument d'autorité divine, la Vérité, n'est pas pertinent dans le débat des hommes sur la *halakha*. Mais le Talmud ne se contente pas d'asséner cet argument. Dieu se tait désormais, le débat s'achève sur la victoire de la majorité et Rabbi Éliezer, qui s'entête à coller à la vérité divine, est excommunié par ses pairs. L'histoire a une suite. L'un des rabbins monte au Ciel pour vérifier comment Dieu a réagi à la déclaration frondeuse de Rabbi Yehoshua. Il s'avère que le

Seigneur a fort bien pris la chose puisqu'il est parti d'un grand éclat de rire et s'est écrié : « Mes fils m'ont vaincu ! » (*Talmud de Babylone*, traité « Baba Matzia », 59 :2.)

Résumons : la vérité peut s'exprimer dans une orthodoxie – ce qu'il faut croire – et une orthopraxie – ce qu'il convient de faire. Imbu de tradition philosophique, le christianisme, seule des trois religions du Livre à avoir produit une véritable théologie, a mis l'accent sur la première ; soucieux par-dessus tout de codifier les comportements, le judaïsme et l'islam ont privilégié la seconde. Non que les chrétiens aient dédaigné rituels et commandements et que juifs et musulmans se soient complètement désintéressés des questions théologiques. Mais des problèmes comme la nature de la foi, le libre arbitre ou la prédestination, dont ceux-là ont débattu jusqu'à plus soif, ont laissé ceux-ci plus ou moins indifférents. Hannah Arendt a raconté comment, petite fille suivant les cours d'un *heder*, une école religieuse juive, elle a voulu provoquer son maître en lui annonçant, dans ce qu'elle pensait être une formidable attitude de défi, qu'elle « ne croyait pas en Dieu ». « Mais... qui te le demande ? » lui rétorqua le vieux rabbin. On imagine mal un professeur de catéchisme faire une pareille réponse à une élève rebelle. C'est que celui-ci pense à la foi d'abord, alors que celui-là s'intéresse par-dessus tout aux *mitsvoth*, aux commandements. Un bon juif, un bon musulman, est celui qui obéit à un ensemble de préceptes ; un bon chrétien est celui qui a la foi chevillée au corps.

Quoi qu'il en soit, la voie la plus sûre pour atteindre la vérité, et, partant, la tranquillité ici-bas et la félicité dans l'au-delà, est la discipline religieuse, c'est-à-dire la soumission aux autorités ecclésiales et aux règles par elles établies. C'est ce que dit en substance à Luther l'official de Trèves, à la fameuse diète de Worms. À quoi le rebelle rétorque qu'il ne veut ni ne peut, car il ne faut pas, dit-il, « agir contre sa conscience ». La conscience, la grande affaire de l'individu dressé contre le troupeau, du fidèle en rupture de ban de son Église. Tous ceux et toutes celles qui ont préféré agir selon leur conscience plutôt que selon la norme imposée n'ont pas eu le génie du moine augustin de Wittenberg, ni son esprit combatif, ni sa bonne fortune, ni, surtout, le goût d'offrir une alternative collective à l'ordre existant. Restés humblement à l'intérieur du système, ils s'en sont échappés par l'esprit, en traçant leur propre itiné-raire, tout personnel, vers le divin.

C'est qu'au-delà des différences doctrinaires, considérables, la vérité est toujours une, indivisible et absolue. C'est cet axiome qui fonde l'uniformité à l'intérieur, la prétention à l'universalité à l'extérieur. Car, en tant que détenteurs de la Vérité, tous les grands systèmes religieux tendent à l'universel. Cela est évident pour le christianisme et l'islam, ou, dans un autre registre, pour le bouddhisme. À première vue, cela l'est moins pour le judaïsme, religion ethnique qui ne cherche pas à faire des prosélytes et qui impose des épreuves draconiennes à ceux qui souhaitent s'y agréger. Le judaïsme, en effet, est fondamentalement un contrat passé entre Dieu et son peuple, et ses adeptes ne se sentent pas le devoir d'apporter la bonne parole à l'ensemble de l'humanité. Pourtant, à y regarder de plus près, le judaïsme est aussi un universalisme, mais projeté dans le futur. Le Dieu d'Israël n'est pas une divinité particulière d'un peuple particulier, mais le Dieu de l'humanité entière. C'est le sens même de l'« élection » du peuple juif. Comment pourrait-il en être autrement ? Façonné par une conception linéaire et significative de l'histoire, l'homme monothéiste conçoit la religion comme liée à un événement historique – la Révélation – et tendue vers un dénouement. Histoire et *historia sacra* se confondent, celle-là se déployant dans celle-ci selon un ordonnancement qui échappe largement à la volonté des hommes. Or, si l'événement fondateur est circonscrit dans le temps et l'espace, la fin des temps ne peut que concerner l'ensemble de l'humanité. Cela viendra, cela est écrit, il suffit d'attendre que la volonté de Dieu soit faite, avec ou sans l'aide des hommes, c'est selon.

Avec ou sans l'aide des hommes, c'est toute la différence, essentielle du point de vue des comportements collectifs, entre messianismes passif et actif. Nombre de systèmes religieux connaissent des formes de messianisme, ou plutôt de millénarisme. Il s'agit toujours de désigner un objectif situé dans un avenir plus ou moins proche, ainsi que les étapes historiques et les hommes qui y conduisent. Dans les religions monothéistes, cette conception du devenir de l'humanité prend un relief singulier. Les juifs attendent le Messie, les chrétiens le second avènement de leur messie, le Christ. Tellement puissant est ce désir d'une incarnation charnelle de la promesse de rédemption que l'islam même, dont le Prophète est pourtant censé avoir clos la série des messagers de Dieu, a fait une place à des figures messianiques – l'Imam caché des chiites, le Mahdi qu'attend impatiemment le président Ahmadinejad. Les modalités d'action de ces personnages et leur nature diffèrent d'une religion à l'autre. Le messie des chrétiens est Dieu lui-même, celui des juifs et des musulmans est un chef essentiellement politique, humain et mortel. Mais ce qui les caractérise tous est leur capacité à couper l'histoire entre un avant et un après, à transformer le temps profane en temps sacré.

Le plus souvent, on l'a vu, les hommes se contentent d'attendre passivement l'avènement de leur messie : il faut faire confiance à l'omnipotence divine ; l'aider par l'action volontaire est au mieux inutile, au pire blasphématoire. Cependant, certains, plus impatients, se résolvent à donner un coup de main au Seigneur afin de « hâter l'avènement ». C'est le messianisme actif des millénaristes. Les exemples sont innombrables. Ainsi, dans les marges des grandes Églises protestantes ont surgi des nuées de groupes d'exaltés, certains violents, d'autres pacifistes, qui ont cherché à peser par leur comportement sur le rythme de progression du projet divin et à entamer au plus vite le millénium – les mille ans du royaume du Christ sur terre. Au nom du Mahdi du Soudan, censé surgir à la fin des temps afin de purifier l'*oumma* des croyants et convertir l'ensemble de l'humanité à l'islam, s'est allumée plus d'une insurrection politique contre les Anglais. Et toute

l'histoire du judaïsme, des zélotes de l'Antiquité
au Bloc de la foi des colons des Territoires, en
passant par le grand ébranlement des communautés d'Europe et du Proche-Orient consécutif à la
prédication du « faux messie » Sabbataï Zevi, au
XVIIe siècle, peut se lire comme une chronique de
la tension entre messianisme passif et quiétiste et
messianisme actif et combattant. La postérité de
ces mouvements, nous le vérifions tous les jours,
est plus vivante – et angoissante – que jamais.

Le fondamentalisme révolutionnaire chrétien est parti battu

Voici un siècle, la France adoptait la loi de séparation de l'Église et de l'État. On oublie aujourd'hui à quel point cette opération chirurgicale fut douloureuse. Pendant des siècles, en France comme ailleurs, la religion avait constitué le socle identitaire de l'individu et de la collectivité : « Nous sommes Chrestiens au mesme titre que nous sommes Perigordins ou Alemans », constatait Montaigne sur le ton de l'évidence (*Essais*, livre II, chap. XII). Que la fille aînée de l'Église pût tourner le dos à sa mère, voilà qui était resté, au moins jusqu'aux Lumières, proprement inimaginable. Et voilà que, après des siècles d'imbrication, Église et État ont fini par divorcer.

La brutalité de cette opération a donné à la laïcité à la française une coloration particulière, que vous autres Français vous plaisez à croire universelle. Elle ne l'est pas. Car le travail de la séparation ne s'est pas fait partout de la même manière, ni au même rythme. Évidemment, la ligne de fracture est la Réforme. Là où Luther, Calvin et leurs émules ont réussi à prendre pied et à implanter leur version du christianisme, en jetant à bas au passage le vieil édifice de l'Église catholique, apostolique et romaine, la séparation des Églises et de l'État a pu se faire dans l'harmonie, sans drame ni rupture. Pourquoi ? Eh bien, parce que la Réforme a accompli elle-même l'œuvre de laïcisation qui était au cœur de la modernité politique.

Qu'est-ce que l'État moderne, en effet ? Un bout de territoire où le souverain s'affranchit des contraintes intérieures (les féodalités) et extérieures (le pape, l'empereur) pour devenir, selon le vieil adage, « empereur en son domaine ». Et qu'est-ce que la souveraineté, qualité suprême de l'État, sans laquelle il n'est qu'une principauté vassale ou une province d'empire ? Comme Bodin nous l'a enseigné dans sa *République*, c'est la faculté de donner la loi, rien de plus, rien de moins. L'État moderne est né en Occident, au

« crépuscule du Moyen Âge », lorsqu'un souverain clairement défini a été reconnu investi du monopole de la législation sur l'ensemble de son territoire. Or, ce souverain, tout représentant de Dieu sur terre qu'il se voulût, exerçait un pouvoir qui n'était évidemment pas d'Église. Il exerçait un pouvoir « laïque », extérieur à l'Église, parfois en lutte ouverte contre Rome, souvent nuisible à ses intérêts. De Machiavel, le génial inventeur de la pensée politique moderne, on retient généralement les conseils apparemment immoraux, tout compte fait assez primitifs et en tout cas sans grande pertinence pour nos contemporains. En oubliant l'essentiel : la première théorie cohérente de l'autonomie du politique. Dieu est là-haut, nous sommes ici-bas, responsables de notre propre sort, qui jouons comme nous l'entendons, avec des règles que nous dicte notre seule raison, le jeu âpre du pouvoir au bénéfice de nos seuls intérêts. C'est en ce sens qu'on peut dire que l'État moderne est par définition « laïque ».

Un épisode de l'histoire de France illustre bien mon propos. En 1584, le protestant Henri de Navarre, futur Henri IV, devient héritier du trône en vertu de la loi salique, qui règle depuis plus de deux siècles la succession des rois de France. Pour l'immense majorité de ses futurs sujets catholiques, c'est une abomination sans nom. La fraction extrême du « parti » catholique, la Sainte Ligue, tente alors de substituer à la loi salique le principe de la catholicité du roi. Ses porte-plume expliquent que la prétendue loi salique n'est qu'une supercherie juridique inventée au XIVe siècle pour empêcher le royaume de tomber dans l'escarcelle de l'Angleterre. Ils ont raison. Mais voilà, la supercherie a été depuis érigée en première loi fondamentale du Royaume. Et, mal-gré deux décennies d'une guerre civile atroce qui a porté les passions religieuses à incandescence, le « parti catholique » n'y pourra rien. Le Béar-nais finira bien par embrasser la religion de la majorité de ses sujets. Mais il le fera à son rythme, dix ans plus tard, après une interminable « ins-truction » et alors qu'il était déjà roi depuis un lustre. Son « saut périlleux » aura été un acte purement politique, la loi salique restera la pre-mière loi fondamentale, et la catholicité du roi, jamais plus remise en question d'ailleurs, ne sera jamais gravée dans la constitution coutumière du Royaume.

La Réforme a poussé plus loin et plus fort la laïcisation de la société. Partout où elle a triomphé, elle a fait du souverain le chef de son Église – c'est toujours le cas en Angleterre, où Élisabeth II est

« *Supreme Chief* » de l'Église anglicane. Ce faisant, elle a renforcé l'État, en perfectionnant son absolutisme ; mais elle a aussi assuré des relations harmonieuses entre l'État et les Églises, en préparant ainsi de longue main un divorce à l'amiable. À l'inverse, dans les pays restés catholiques, la lutte à mort contre la Réforme a eu pour effet le raidissement de l'Église. En Angleterre, le parti du mouvement s'identifiait à la religion majoritaire ; la Réforme a accompagné les réformes. En France, l'échec de la Réforme, l'identification de l'Église catholique au parti de l'ordre et le goût bien français des solutions tranchées se sont combinés pour conférer à ce divorce un caractère brutal et définitif. En Angleterre, et dans son prolongement américain, la révolution s'est faite la Bible à la main. En France, elle prit un tournant non seulement anticlérical, mais franchement antireligieux. Aux États-Unis, comme nous l'avons dit, la séparation rigoureuse de l'État et des Églises ne signifie pas séparation de l'État et de la religion, et la vie politique est imprégnée de religiosité. En France, la République ne le tolérerait point.

Produit d'une histoire vieille d'un demi-millénaire, ces différences ne sont pas sans importance, et rendent toujours compte d'écarts

considérables entre les comportements politiques.
L'incompréhension anglo-saxonne face à la querelle du foulard en France en est une bonne illustration, tout comme l'agacement des Français
confrontés à la charge messianique de la politique
américaine en Irak. Les Européens se gaussent du
fondamentalisme américain, assez puissant pour
envoyer un Bush à la Maison Blanche, et pointent
du doigt ses expressions les plus caricaturales – la
poussée « créationniste », le succès phénoménal
des télévangélistes, les attentats à la bombe contre
les cliniques qui pratiquent l'avortement. Les
Américains accusent les Européens d'empiéter
sur la liberté religieuse en légiférant sur les sectes
– pièges à esprits faibles qu'il s'agit de protéger
en deçà de l'Atlantique, religions comme les
autres qu'il faut laisser vivre leur vie au-delà.

Je pourrais allonger la liste de ces différences.
Ne les gonflons pas outre mesure cependant. Elles
ne sont impressionnantes que vues de l'intérieur
de l'Occident, de Paris, Washington, Londres ou
Madrid ; considérées de l'extérieur, du Caire, de
Karachi ou de Djakarta, elles perdent beaucoup
de leur signification. C'est ce point de vue qui
nous importe ici. Car partout en Occident, la séparation de l'Église et de l'État s'est imposée

comme l'un des traits majeurs de sa culture politique, mieux, une caractéristique essentielle de sa civilisation. Partout en Occident, qu'on paie le denier du culte comme en Allemagne ou qu'on ne le paie pas comme en France, que la religion soit formellement d'État comme dans les pays scandinaves ou qu'elle en soit formellement séparée comme ailleurs en Europe, que le clergé soit attentif à l'évolution des mœurs comme en Belgique ou qu'il s'y montre rétif comme en Espagne, que le chef de l'État remplisse une charge religieuse comme en Angleterre ou qu'il se contente de proclamer sa foi sans liens aucuns avec ses formes institutionnelles comme aux États-Unis, le citoyen vit sa vie selon la loi de l'État laïque, sans en référer à son Église. Sauf si telle est sa volonté, bien entendu. Quelles qu'en soient les modalités imposées par l'histoire, le divorce de l'Église et de l'État est, partout en Occident, une réalité forte et indépassable.

Alors, qu'est-ce qui a rendu ce divorce possible ? Une seule particularité du christianisme, mais dont les conséquences auront été prodigieuses : la dualité de deux pouvoirs, de deux royaumes disait-on, un temporel et un spirituel, d'emblée soigneusement distingués. Et oui, il en va du divorce comme pour le mariage, il faut être

deux. Le christianisme, et lui seul, s'est épanoui
en couple.

C'est une très vieille histoire. Lorsqu'il fondait
une nouvelle colonie, le Grec traçait d'abord dans
la terre l'enceinte des dieux, soigneusement séparée de celle des hommes. Pas plus que le Grec,
le Romain ne séparait la religion *de* l'État, mais,
comme lui, la distinguait *dans* l'État. Aussi bien,
si Jésus, juif pharisien, ignorait comme tous ses
coreligionnaires la distinction entre religion et
État, elle s'est imposée à lui par la force des
choses : l'État romain était bel et bien là, préexis-
tant à sa venue au monde, puissant et omnipré-
sent. « Mon royaume n'est pas de ce monde »,
dit-il à Ponce Pilate, qu'il tente de rassurer
comme il peut en lui expliquant qu'il faut donner
à Dieu ce qui est à Dieu et à César ce qui est à
César. Pour ne point être jugé en Judée, Paul de
Tarse fait valoir sa qualité de citoyen romain, et
la nouvelle religion installera son siège à Rome
plutôt qu'à Jérusalem. Dieu et César auront leurs
royaumes, alliés mais distincts.

Le choix de Rome a été le coup de génie de
l'Église. Installé dans la capitale de l'Empire,
imposant sa langue comme langue sacrée de la
nouvelle alliance et calquant sur ses provinces les

diocèses de ses évêques, le pape recueillait l'incomparable héritage impérial. Jérusalem était spirituellement plus légitime ? Sans doute. Mais Rome était politiquement plus habile.

Mais le choix de Rome a été aussi sa faiblesse. Car l'héritage impérial était d'abord politique, et plutôt que modeler l'État à l'image de l'Église, c'est l'État qui a modelé l'Église à son image. Le pape a eu beau proclamer la supériorité de l'épée spirituelle sur l'épée temporelle, c'était avouer du même coup que la compétition était ouverte. À la tête de la République chrétienne imaginée comme le décalque d'un Empire romain ressuscité sous l'étendard du Christ et idéalement étendu aux limites du monde, deux personnages, le pape et l'empereur, allaient se disputer le même héritage. Face à l'empereur, dont le pouvoir reposait sur des bases branlantes, c'était jouable, et l'on a même vu un Henri IV s'agenouiller à Canossa devant le formidable Grégoire VII. C'était une illusion, qu'allait bientôt dissiper une nouvelle réalité, autrement redoutable : l'État territorial. Philippe le Bel en fait la démonstration en envoyant ses sbires bousculer chez lui le vieux Boniface VIII, en liquidant, dans ce qu'on a pu décrire comme le premier procès stalinien de l'histoire, le puissant ordre des Templiers et en

installant Rome en Avignon, pour ainsi dire.
Bientôt, les papes de la Renaissance seront réduits
à se comporter en princes on ne peut plus tempo-
rels, guerroyant pour défendre leur pré carré ita-
lien contre les convoitises de leurs voisins et les
ambitions des grandes puissances européennes,
avant que la Réforme n'arrache à leur juridiction
une petite moitié d'Europe. Est-ce à dire que la
dualité des deux épées est dès lors morte, que
l'État s'est définitivement affranchi de toute
contrainte spirituelle, que le roi est désormais tout
et le pape rien ? C'est aller vite en besogne. Le
dialogue, inégal, souvent conflictuel, toujours
fécond, entre les deux pouvoirs s'est poursuivi
jusqu'à la séparation définitive, qui a fini par le
rendre sans objet. Et le vieux couple a enfin
divorcé.

Plus j'y pense et plus je me persuade que cette
dualité fut la chance extraordinaire de l'Occident.
Je dis l'Occident, car, sous d'autres cieux, ce
double pouvoir que le christianisme favorisait
d'emblée s'est confondu jusqu'à n'en faire qu'un.
Je pense notamment à l'espace byzantin, matrice
d'un césaropapisme qui n'a pas dit son dernier
mot – voyez les liens qu'entretient l'Église orthodoxe avec les États russe ou grec. Je pense aussi,
dans une moindre mesure, à la Pologne, pays
catholique pourtant, mais où une histoire nationale

particulièrement tourmentée a érigé l'Église en un symbole de ralliement contre les empiétements de l'étranger et rendu les esprits rétifs à une véritable séparation des deux ordres. Voyez Radio Maryja, cette formidable entreprise intégriste, antisémite et antieuropéenne, dont le fondateur, le père Tadeusz Rydzyk, est considéré selon un sondage récent par un bon tiers de ses compatriotes comme le personnage le plus influent du pays. Sans cet homme et son empire, forts de trois millions d'auditeurs en Pologne, mais aussi au Canada, aux États-Unis et en Russie, qui tétanisent la classe politique polonaise et le Vatican, l'élection du couple de jumeaux réactionnaires qui gouverne aujourd'hui un des principaux pays de l'Union européenne aurait été impossible.

Mais la Pologne est une exception, que le temps et l'Europe feront rentrer dans le rang, comme naguère l'Espagne, le Portugal et l'Irlande. Dans l'ensemble, l'Occident, et lui seul, a échappé au monisme juif et musulman, dont nous verrons en temps voulu les misérables conséquences. Entre les deux « épées », dans le fossé creusé entre les deux pouvoirs, le vent de la liberté a pu souffler. L'Église a imposé à l'État des bornes morales, l'État a étouffé la tentation théocratique de l'Église, des esprits libres ont joué

de leur rivalité pour faire pièce au tropisme abso-
lutiste inhérent à tout pouvoir. Tout a été possible
par cette dualité, rien n'aurait été possible sans
elle. Le bonheur de l'Occident, ce fut la laïcité.

La chance du fondamentalisme révolutionnaire juif a été l'État, sa perte aussi

Hannah Arendt, sioniste à son heure, a eu un mot terrible pour décrire la condition juive en Diaspora : le « peuple paria », autrement dit le peuple privé d'État, donc d'existence nationale, et condamné par cela même à vivoter aux marges de l'histoire. Mais subir l'histoire plutôt que la faire ne présente pas que des inconvénients. On est souvent victime, mais jamais bourreau. Collectivement, on s'offre le luxe, certes chèrement payé, de se prélasser dans une éthique de conviction ; l'éthique de responsabilité, c'est pour les autres, ce qui permet de les juger d'en haut, tout en gémissant sous leur botte – une position physiquement inconfortable, mais moralement gratifiante.

Dans ces conditions, le fondamentalisme n'est pas interdit, ni même, on l'a vu, le millénarisme ; mais certainement pas leur version révolutionnaire. Pour cela, les prophètes ne suffisent point ; encore faut-il qu'ils soient armés. Or, depuis les zélotes et les sicaires fustigés par Flavius Josèphe pour avoir provoqué par leur folie la chute du Second Temple, le prophète armé était devenu une denrée introuvable en Israël. Les rabbins en avaient pris leur parti. Certes, on priait toujours pour l'An prochain à Jérusalem et l'on attendait le Messie qui devait y conduire son peuple, comme jadis Moïse avait conduit les Hébreux hors d'Égypte. Mais tout se passait comme si on savait qu'il ne viendrait jamais, du moins à vue d'homme. La prophétie elle-même était proclamée morte depuis la chute du Temple, réservée désormais aux enfants et aux fous. Après le prurit messianique du faux-messie Sabbataï Zevi, au XVIIe siècle, dont la rhétorique enflammée avait ébranlé l'ensemble des communautés juives de la Diaspora, les rabbins ont redoublé de vigilance : désormais, toute manifestation intempestive d'enthousiasme messianique serait impitoyablement étouffée. En puissance, le fondamentalisme révolutionnaire était là pourtant, tapi dans l'inconscient collectif et nourri de souvenirs anciens, ressort comprimé par la nécessité et qui ne demandait qu'à se distendre. Certains l'ont sécularisé, internationalisé et converti en messianisme révolutionnaire ; on sait le rôle déterminant des juifs dans les mouvements révolutionnaires européens. Mais ceux-là ne nous intéressent pas ici.

Lorsque le sionisme advint, dans la seconde moitié d'un XIXᵉ siècle travaillé par l'éveil des nationalités, l'immense majorité des rabbins l'ont repoussé avec horreur. Non seulement ils y ont vu une résurgence du messianisme « actif » honni, mais encore dans une version particulièrement pernicieuse : une version laïque et émancipatrice, coupée de la religion et tournant le dos à la tradition, païenne en un mot. L'exil n'était-il point une punition de Dieu à l'encontre de son peuple pécheur, Dieu seul étant en mesure d'effacer la sentence et de ramener ce peuple dans sa Terre promise ? Et voilà qu'un ramassis de mécréants prétendaient faire le travail à Sa place. Vouloir hâter l'avènement du Messie par l'action des hommes et avancer son retour pour mieux préparer le leur, c'était déjà mauvais ; prétendre le faire sans intervention divine, par une action politique de masse, c'était de l'abomination.

Une petite frange du judaïsme orthodoxe d'Europe centrale et orientale en a décidé autrement. D'abord, ils se sont aperçus que les pogromistes ne distinguaient point entre sionistes et antisionistes, et qu'ils massacraient égalitairement tout le monde. Ensuite, ils ont compris que dans l'Europe des nationalités, dans la version raciste, xénophobe et antisémite qui prévalait à l'est du continent, l'avenir des juifs était bien sombre. Enfin et surtout, ils avaient une conception du sionisme qui, nous le verrons en temps voulu, le leur rendait tout à fait acceptable.

C'est ainsi que le mouvement Mizrakhi (« Oriental ») vit le jour vers la fin du XIXe siècle en Allemagne et essaima à travers l'Europe centrale et orientale. C'était une petite chose, aux marges du mouvement sioniste, et tel fut le Parti national-religieux auquel il donna naissance une fois l'État d'Israël proclamé, en mai 1948. Comme les partis et mouvements sionistes laïques, il disposait d'une branche ouvrière, d'un mouvement de jeunesse, voire d'une fédération de *kibboutzim*. Mais tout cela en miniature. Ses chefs étaient d'ailleurs des politiciens modérés, avec qui Ben Gourion, le fondateur de l'État et son premier Premier ministre, avait passé une espèce de marché tacite : à lui la politique étrangère et de défense, le façonnement des institutions, l'aménagement du territoire, l'économie, bref, tout ce qui compte ; à eux le « caractère juif de l'État », en clair ses symboles, et, plus sérieusement, un morceau de l'Éducation nationale et le monopole du statut personnel des citoyens, abandonné aux cours religieuses. Rien de bien grave, pensait-il, d'autant que la marche de l'Histoire, à laquelle le vieux chef travailliste, grand admirateur de Lénine dans sa jeunesse, croyait dur comme fer, condamnait les vieilles lunes religieuses à rejoindre tôt ou tard ses poubelles.

Peu s'aperçurent à l'époque, lui pas plus que les autres, que le sionisme du Parti national-religieux n'était pas du même métal que le leur. D'emblée, le sionisme religieux a été un messianisme, le mouvement national juif étant entendu comme *hatkhalta de'gheoula*, « le début de la Rédemption ». Mais c'était là un messianisme bien *soft*, sans grande incidence sur la vie politique du pays. Le sionisme religieux était bien la cinquième roue de la charrette sioniste. La relève des générations et la guerre des Six Jours allaient changer la donne.

Pour ceux qui n'ont pas vécu les journées de mai et juin 1967, il est difficile de se faire une idée précise de ce qui s'est passé dans le cœur et l'esprit des Israéliens. Ce fut d'abord, en mai, l'indicible angoisse née de l'hystérie de mort

créée par Nasser, entretenue par la propagande
arabe et rendue crédible par les coups de force du
raïs égyptien et le réseau d'alliances militaires
qu'il avait nouées avec les pays de la région. Il
est facile après coup de prophétiser à l'envers le
verdict des armes ; avant, dans les longues semaines que les Israéliens ont baptisées la *hamtana*,
« l'attente », le spectre d'un deuxième Holocauste
hantait les survivants du premier. Ce fut, ensuite,
l'extraordinaire ampleur de la victoire, acquise en
six jours, comme la Création, et dont l'aisance, la
rapidité et l'élégance tenaient du miracle. Et ce
fut, enfin, la découverte éblouie de ces « territoires » dont la toponymie et les paysages évo-
quaient le passé lointain et glorieux auquel le
sionisme prétendait rattacher l'aventure moderne
du peuple juif. Il faut vous souvenir que, pour des
raisons démographiques, l'État d'Israël s'est installé le long de la côte, dans le pays des Philistins
en fait ; le cœur de l'Israël biblique, la Judée et
la Samarie, mais aussi la Vieille Ville de Jérusalem, avec son mur des Lamentations et son mont
du Temple, étaient restés sous domination jordanienne, et interdits aux Juifs. La guerre les « rendait » à ses occupants légitimes – légitimes par
une histoire trois fois millénaire, confondue avec
l'histoire sainte du peuple d'Israël. Se pouvait-il

que cela advînt sans intervention divine, sans que Dieu lui-même ne l'ait voulu et ordonné ?

Dans le même temps, une nouvelle génération de jeunes sionistes-religieux émergeait des *yeshivot* (académies talmudiques) du mouvement, surtout de la *yeshiva* « Mercaz Ha'Rav » du rabbin Zvi Yehouda Hacohen Cook. Ce rabbin érudit et charismatique expliquait à ses étudiants que l'État était l'instrument que Dieu s'était choisi pour la Rédemption de Son peuple, outil inconscient, certes, et manié par des serviteurs aveugles et sourds, mais outil efficace tout de même. Que la Terre d'Israël est sainte, saints les arbres qui y poussent et les pierres qui la jonchent et les maisons qui s'y dressent. Qu'elle est le don inaliénable de Dieu à Son peuple, et que nul n'a le droit d'en céder aux Gentils la moindre parcelle. Et que leur devoir sacré était de la peupler.

Ce message a été parfaitement entendu. Impatients avec les caciques prudents du Parti national-religieux, les jeunes les ont chassés de sa direction et se sont installés à leur place. J'entends encore le vieux Yossef Burg, le très cultivé, très modéré et très retors président du PNR, ministre de tous les gouvernements dirigés par les travaillistes, annoncer à la cantonade lors d'une

réception à Tel-Aviv, dans les années soixante-
dix : « Il faut que j'y aille, j'ai rendez-vous avec
les petits fascistes de mon parti. » Fascistes, ils
ne l'étaient pas, du moins pas dans le sens que
ce vocable revêt sous d'autres cieux. Ils étaient
simplement en train de fonder un nouveau courant
au sein du mouvement sioniste et de l'État
d'Israël : le sionisme néo-messianique.

À ce moment, dans la foulée de la guerre du
Kippour, ils avaient fondé un mouvement extra-
parlementaire dédié tout entier à la colonisation
de la « Judée-Samarie », la dénomination biblique
de la Cisjordanie : le *Goush Emounim*, le « Bloc
de la foi ». Puis, les élections de mai 1977 ame-
naient pour la première fois dans l'histoire du
mouvement sioniste, puis de l'État, une majorité
de droite, leur offrant ainsi l'assise parlementaire
dont ils avaient besoin. L'essoufflement idéologique du sionisme, vidé de sa substance par son
succès même et réduit à un appareil bureaucratique sans âme et à une rhétorique creuse, leur
offrait un boulevard. Condamnés un siècle durant
à végéter sur les marges du camp sioniste, les voici
désormais propulsés en son sein. Les nouveaux
pionniers, figures légendaires et pourvoyeuses de
légitimité de l'aventure sioniste, c'étaient eux. Les

laïcs parlaient, eux faisaient. Les laïcs s'embour-
geoisaient, en sacrifiant à la société de consom-
mation et en écumant les sentiers hallucinogènes
de l'Extrême-Orient, eux peuplaient la terre de
l'héritage. Les laïcs fournissaient les troupes idéo-
logiquement exsangues d'un « sionisme » sans
objet, eux se portaient à l'avant-garde du peuple
théophore pour le forcer à se conformer à la mission que Dieu lui avait de tout temps assignée
dans l'économie divine. Les laïcs n'avaient pour
seul champ de vision que leur plan de carrière,
eux nourrissaient une vision du monde grandiose,
fondée sur la Torah et portant en son cœur
l'alliance entre le peuple et sa Terre. Les laïcs
pensaient que l'État juif était un but en soi, eux
tenaient l'État pour nul et non avenu s'il ne servait
pas aux desseins du Tout-Puissant.

Révolutionnaires, ces jeunes gens l'étaient à un
triple titre. Contre le sionisme des origines, qui
entendait assurer le salut du peuple, la Terre
n'étant que le moyen d'y parvenir, ils plaçaient la
Terre au cœur de leur vision du monde et soumet-
taient le peuple à son service. Contre la tradition
rabbinique elle-même, pour qui le Pays d'Israël
n'est saint que parce qu'il permet l'accomplis-
sement des *mitsvoth*, des commandements divins,
ils affirmaient que le Pays est saint en lui-même,

et assimilaient l'État d'Israël au royaume de Dieu sur terre. Contre les institutions de l'État, enfin, qui fonctionnent comme dans toute démocratie selon les principes de la représentation populaire, de la séparation des pouvoirs et des libertés individuelles, ils professaient une conception du pouvoir théocratique, fondée sur la volonté divine véhiculée par la Torah et interprétée par leurs rabbins.

Bien sûr, sans l'État, tout impie et imparfait qu'il fût, le fondamentalisme révolutionnaire juif n'était rien. C'est l'État qui, par sa seule existence, a permis la sienne, l'État qui, en s'armant, l'a armé. Grâce à l'État, il pouvait espérer être enfin quelque chose.

Dans les jours fiévreux qui ont précédé l'évacuation de la bande de Gaza, une « fête du Temple », organisée en janvier 2005 par un groupuscule extrémiste dit « les fidèles du mont du Temple », est l'occasion d'un débat fort instructif. Un des chefs de l'extrême droite religieuse évoque un épisode célèbre de la guerre des Six Jours. Lors de la prise de la Vieille Ville de Jérusalem, l'aumônier général de l'armée s'est empressé de planter un drapeau israélien sur le mont du Temple, le Haram es-Sharif des musulmans. Le ministre de la Défense à l'époque, Moshé Dayan, a aussitôt ordonné qu'on le fasse disparaître. Dans une optique politique, il avait raison. Dayan, conscient du potentiel de violence sacrée dans la ville trois fois sainte, s'était déjà montré réticent à la conquérir. Il s'agissait maintenant d'éviter d'envenimer les choses par des provocations inutiles. Ce n'est évidemment pas l'optique des zélotes. Dayan, explique l'orateur, était un « sioniste sans racines ». S'il a fait enlever les couleurs nationales, c'est parce que « notre rêve était son cauchemar ». On ne pouvait mieux dire. C'est bien une guerre des rêves que se livrent les deux conceptions antagonistes du mouvement national juif. Un autre participant au débat, Yehouda Etzion, membre dans les années quatre-vingt d'une cellule terroriste qui planifiait le dynamitage des mosquées du mont, rend ainsi compte de cette guerre des rêves : lui est en quête d'une « vie d'union et de totale réciprocité entre nous et le Béni soit-Il, alors que l'État d'Israël tente de créer une réalité de division, où l'individu est détaché de la sainteté ». Aussi bien, explique-t-il, le renouveau sioniste n'a jamais évoqué la sainteté. Si l'État d'Israël est le fils légitime du sionisme, c'est d'un sionisme inconscient, sourd et aveugle. « Notre révolution est donc une révolution de la conscience, elle cherche à faire émerger cette conscience... Si l'État n'est qu'un refuge et non

une terre de vocation, alors nous nous retrouverons avec les solutions ougandaises de Herzl et
de ses amis... » Et voilà la boucle bouclée : la
démocratie séculière est « l'Ouganda de l'État
d'Israël ».

C'est cette idéologie qui, dix ans auparavant,
un soir de novembre 1995, a armé le bras d'Ygal
Amir, l'assassin de Rabin. Au terme d'une cam-
pagne de manifestations d'une violence inouïe, le
« traître » a fini par payer de sa vie la « forfaiture
d'Oslo », c'est-à-dire son entêtement à vouloir
échanger la paix contre des morceaux de la Terre
réputée inaliénable. Premier ministre de la nation
israélienne, il a été assassiné par un champion du
« peuple d'Israël », notion mystique analogue à
l'*oumma* islamique. Les Israéliens, abasourdis,
ont alors commencé à comprendre ce qu'un fami-
lier de la logique des guerres de religion comme
moi avait compris depuis longtemps : que le geste
de l'assassin, parfait représentant d'un fondamentalisme révolutionnaire certes minoritaire, mais
formidablement organisé et fanatiquement déter-
miné, s'inscrivait bel et bien dans une logique de
guerre de religion.

Cependant, l'efficacité des fous de Dieu juifs
était, comme toujours, tributaire de la faiblesse de

l'État. Car l'État, parfois réticent, souvent complice, toujours impuissant, les a laissés faire. Dans les collines de Samarie, dans les monts de Judée et dans la bande de Gaza, il a permis l'émergence d'un véritable État dans l'État, violent et anarchique – un « État de Judée » où les lois de l'État d'Israël n'avaient pas de prise. Mais, au moment où Yehouda Etzion et ses amis se retrouvent pour leur « fête du Temple » à Jérusalem, l'État a commencé à se ressaisir et leur idéologie est sur la défensive. Avec l'énergie du désespoir, les adeptes du fondamentalisme révolutionnaire juif ont tenté de faire pièce au « désengagement » de Gaza voulu par Ariel Sharon. Ils ont menacé de faire sécession : l'État s'est-il désengagé d'eux, en perdant dès lors sa légitimité de fondation de trône sur terre ? Eh bien, ils se désengageront de l'État. Ils ont étudié la question théologique du sacrifice de soi, jusqu'au suicide collectif. Surtout, ils ont agité le spectre de la guerre civile, en évoquant pêle-mêle la guerre entre la tribu de Benjamin et les onze autres, les affrontements entre le royaume d'Israël et le royaume de Juda, ou entre les Macchabées et les juifs hellénisés de Jérusalem.

Vous pouvez sourire, mon ami, de ces extravagances – de quoi aurais-je l'air, dites-vous, si je mêlais Vercingétorix au discours politique d'aujourd'hui ? En France, de pas grand-chose, je suppose. Mais, en Israël, la Bible se vit au quotidien, tout le monde en fait usage, à gauche comme à droite. J'entends qui vous citez, de Josué ou des Prophètes, et je sais pour qui vous votez... Non, il n'y a pas lieu d'en rire, surtout quand on lit la péroraison d'un article d'un de ces énervés, résident d'une colonie en Samarie et chef d'une organisation se disant forte de dix mille membres, qui appelait ses frères à prendre les armes : « La Terre d'Israël est le don de Dieu au peuple d'Israël et nous ne céderons pas notre héritage à l'ennemi sous prétexte d'une fausse unité avec ceux dont l'objectif est d'effacer la sainteté de notre nation et de notre terre. »

Mais l'État a montré ses dents, et le « désengagement » de la bande de Gaza s'est fort bien passé. Pour la première fois depuis la conquête des Territoires, les fous de Dieu découvraient, tout à la fois, la puissance de l'État et la profondeur du fossé qui s'est creusé entre eux et leurs compatriotes. Le fondamentalisme révolutionnaire juif a trouvé là ses limites.

Pourquoi ? D'abord, sans doute, parce que le fondamentalisme révolutionnaire juif ne s'exporte pas. Religion nationale sans prétention universaliste, le judaïsme garde ses fous de Dieu pour lui, en leur imposant du coup un cadre étriqué, somme toute aisé à contrôler. Mais surtout parce qu'Israël est une société moderne, ouverte et raisonnablement développée, où le message messianique reste nécessairement confiné à des cercles étroits.

Est-ce pour autant que le fondamentalisme révolutionnaire juif a dit son dernier mot ? Peut-être pas. Mais il n'a pas d'avenir. Oui, c'est l'État qui lui a offert la chance de son épanouissement ; mais c'est ce même État qui aura été aussi son fossoyeur.

L'islamisme est aujourd'hui la forme la plus nocive du fondamentalisme révolutionnaire

Pourquoi le cacher, tout ce qui précède n'aurait pas été sans ce qui suit. C'est l'islam qui provoque la réflexion et les débats actuels sur la religion. C'est l'islam qui est aujourd'hui travaillé par le fondamentalisme révolutionnaire. C'est l'islam qui fait peur.

Cela se comprend. Sauf exception (au Sri Lanka, en Irlande du Nord), tous les conflits où la religion joue un rôle à travers la planète, de l'Afrique à l'Asie du Sud-Est en passant par le Proche et le Moyen-Orient, impliquent des musulmans. Au sein même des sociétés à dominante musulmane, au Machrek comme au Maghreb, en

Indonésie et jusqu'en Arabie Saoudite, les fonda-mentalistes révolutionnaires sont en guerre contre un État se réclamant de la même religion qu'eux, mais qu'ils jugent impie et corrompu, étranger aux « vraies » valeurs de l'islam et vendu à l'Occident. Enfin, une internationale terroriste musulmane a déclaré une guerre sans merci à l'Occident « athée ». C'est cette troisième dimen-sion de la guerre de religion contemporaine, corollaire évident de la mondialisation, qui lui donne sa coloration particulière et fait du fonda-mentalisme révolutionnaire islamique une créa-ture unique, et particulièrement nocive, dans l'histoire des religions.

Confusément, vous avez senti que les explica-tions d'ordre rationnel dont nous avons l'habitude en Occident n'étaient peut-être pas suffisantes pour rendre compte du phénomène. Non seule-ment parce qu'il faut avoir le marxisme-léninisme bien chevillé au corps pour croire encore que la religion n'est qu'une « superstructure » qui mas-que les véritables enjeux socio-économiques de « l'infrastructure ». Mais surtout, parce que les causes de la frustration et de la haine se trouvent aussi ailleurs, sans avoir les mêmes effets. Si tous les peuples anciennement colonisés, opprimés, humiliés, massacrés, s'adonnaient au terrorisme international, la vie sur cette terre serait invivable.

Vous n'avez pas non plus été convaincu par la thèse du « choc des civilisations » de cet arrogant patricien *wasp* de Huntington, et à juste titre : trop sommaire dans ce qu'elle a de vrai, trop systématique dans ce qu'elle a de faux, ignorant superbement les lignes de fracture au sein des « civilisations » dont il fait la caricature plutôt que le portrait, ainsi que la dimension socio-économique, qui a tout de même son importance.

Comme tant d'autres, vous vous êtes alors mis à éplucher le Coran. Bien entendu, vous y avez trouvé ce que vous y cherchiez : les passages où la parole de Dieu est une incitation à la violence. « Tuez-les partout où vous les trouverez... La tentation à l'idolâtrie est pire que le carnage à la guerre » (2 :187). « Si vous mourez ou si vous êtes tués en combattant dans le sentier de Dieu, l'indulgence et la miséricorde de Dieu vous attendent... » (3 :151). « ... Tuez les idolâtres partout où vous les trouverez... » (9 :5). « Ô croyants ! Combattez les infidèles qui vous avoisinent, qu'ils vous trouvent toujours sévères à leur égard... » (9 :124). « Quand vous rencontrerez les infidèles, tuez-les jusqu'à en faire un grand carnage, et serrez les entraves des captifs que vous aurez faits » (47 :4). Et ainsi de suite, ainsi de suite.

Terrible, n'est-ce pas ? Je vous avais pourtant mis en garde contre cette tentation. Les Écritures, toutes les Écritures, sont, je vous l'ai déjà dit, des auberges espagnoles, où l'on trouve ce qu'on cherche, c'est-à-dire ce qu'on apporte avec soi. Je vous ai montré alors les sourates qui prouvent que le Coran pouvait être aussi une parole de paix, de tolérance et de fraternité : « Point de violence en matière de religion. La vérité se distingue assez de l'erreur » (2 :257). « Si quelque idolâtre te demande asile, accorde-le lui, afin qu'il puisse entendre la parole de Dieu... » (9 :6). « Dis : la vérité vient de Dieu, que celui qui veut croire croie, et que celui qui veut être infidèle le soit » (18 :28). « Ô hommes, Nous vous avons créés d'un mâle et d'une femelle. Si Nous avons fait de vous des peuples et des tribus, c'est en vue de votre connaissance mutuelle » (49 :13). Et aussi : « Appelle au chemin de ton Seigneur par la sagesse et l'édification belle. Discute avec les autres en leur faisant la plus belle part. Du reste, ton Seigneur est seul à savoir qui de Son chemin s'égare, et à savoir qui bien se guide » (16 :127). Je pourrais continuer.

Aussi la question n'est-elle pas ce que dit le Coran, mais ce qu'on choisit de lire dans le Coran. Et pourquoi on choisit si fréquemment d'y lire l'incitation à la violence plutôt que l'invitation à la tolérance. Ce n'est donc pas le Coran qu'il faut interroger, mais l'histoire.

Survolons-la, cette histoire. Elle nous dira d'abord pourquoi et comment l'islam s'est figé au Moyen Âge, pour en devenir à l'aube des temps modernes un objet plutôt qu'un sujet. Elle nous montrera ensuite comment, sous le choc de la modernité, il a fini par produire de l'islamisme, fondamentalisme révolutionnaire compris.

Si le bonheur de l'Occident a été la laïcité, c'est-à-dire la distinction entre le spirituel et le temporel, le malheur de l'islam en fut leur irrémédiable confusion. Ici, pas de partage entre deux « royaumes », entre Dieu et César, entre la cité de Dieu et celle des hommes. D'emblée, Mahomet est prophète *et* chef de guerre, fondateur de religion *et* législateur, dirigeant d'une communauté de croyants (*oumma*) qui est en même temps le premier État musulman. D'emblée, religion et empire ne font qu'un.

Bien sûr, l'adéquation parfaite du religieux et du politique est un idéal, qui ne s'est réalisé qu'à l'époque du Prophète et de ses successeurs immédiats. Très vite, le pouvoir politique et militaire est passé à des dynasties incapables de prétendre à la légitimité religieuse que seul était en mesure d'assurer le lien de sang avec le Prophète, ou, à défaut, le savoir des docteurs de la Loi (oulémas). En Occident, deux légitimités coexistaient, celle du pouvoir politique et celle du pouvoir religieux, toutes deux relevant de l'autorité divine, aucun d'eux n'étant assez puissant pour s'en arroger le monopole. En islam, seul le pouvoir religieux était pleinement légitime. Ce n'est pas une querelle d'école, ni un simple point d'érudition. Frappé d'illégitimité, le pouvoir politique s'est vu tout bonnement privé de la faculté de légiférer – la marque, nous l'avons vu, de la souveraineté. Depuis les Omeyyades jusqu'aux autocrates de notre temps, l'État en terre d'islam a beau être despotique, il n'est jamais pleinement souverain. Il peut être féroce, il est à jamais faible. La séparation des appareils relève de l'illusion d'optique ; ce qui a toujours été en cause, c'est l'autonomie de la politique entendue comme activité légitime, autrement dit sa capacité à dire la loi. En islam, une loi légitime ne saurait être qu'une variation sur les préceptes du Coran et la *sunna*, la tradition fondée sur les propos et les exemples du Prophète – toute loi qui s'en écarterait étant par définition illégitime. En Occident, le roi donne la loi ; en terre d'islam, il est censé exécuter une Loi qui le précède et le dépasse.

D'ailleurs, comment aurait-il pu en être autrement, alors que cette Loi a été donnée une fois pour toutes, parfaite, immuable, éternelle ? Ceux qui réclament aujourd'hui une « réforme » de l'islam analogue à la Réforme de l'Église font l'impasse sur mille ans d'histoire de l'Occident. La Réforme, cette hérésie qui a réussi, n'a été possible que parce qu'elle a été préparée de longue main par des hérésies qui n'ont pas abouti, par d'infinis débats au sein de l'Église, par l'humanisme catholique et son affirmation du primat de la raison sur le diktat de l'autorité, et oui, par la sécularisation croissante des esprits et la montée en puissance de l'État. Tout cela ne s'est pas fait sans à-coups, sans retours en arrière, sans torrents de sang non plus. Mais cela s'est fait, et, tout compte fait, Érasme a eu raison de Savonarole. Cela s'est fait, parce que la critique rationaliste des textes sacrés est vieille comme l'Église elle-même. Elle s'inscrit dans l'histoire sainte, mieux, elle lui est consubstantielle.

Pas en islam. Mahomet a beau se présenter comme le dernier prophète, c'est-à-dire le

successeur et l'aboutissement ultime d'une lignée
d'émissaires du Tout-Puissant qui va d'Adam à
Jésus, en passant par Noé, Abraham et Moïse ;
son message n'en est pas moins un message de
rupture, non de continuité. Si le christianisme
offre une nouvelle alliance, contenue dans un
Nouveau Testament, c'est bien parce qu'il s'inscrit dans une histoire sainte et qu'il reconnaît la
validité de la première alliance, et de l'Ancien
Testament. Ainsi, l'interprétation des Écritures
n'est pas simplement permise, elle est indispensable pour en dégager la vérité. Ce n'est pas le
cas de l'islam. L'histoire sainte commence avec
lui. Juifs et chrétiens ont déformé la parole de
Dieu, leur Bible est mensongère, la lire est au
mieux inutile, au pire pernicieux. Le Coran,
« incréé », c'est-à-dire existant de toute éternité
et attendant au pied du Trône que Dieu en fasse
don aux hommes, contient toute la vérité, délivrée
d'un coup, une fois pour toutes et dans la langue
même de Dieu, par l'intermédiaire de son Prophète. On a prétendu que si la dissidence chiite
avait fini par l'emporter, tout aurait pu être différent. Pour les chiites, en effet, la révélation n'est
pas close avec Mahomet, puisqu'elle se poursuit
avec les imams. D'autres interprétations de la Loi
auraient alors pu être possibles. Je n'en crois rien.
Là où les Fatimides chiites avaient pris le pouvoir,

en Égypte et en Syrie, au Maghreb et en Sicile au Xe siècle, plus tard dans l'Iran des Séfévides, du XVIe au XVIIIe siècle, la libre interprétation du Coran n'était pas plus permise que sous les dynasties sunnites. Car il faut toujours revenir au Prophète et à sa parole, à jamais enfermée dans le Coran. Et le Coran, c'est la Loi, divine, éternelle donc, et immuable.

Que l'islam ne soit pas incompatible avec la raison, c'est une évidence historique. En témoigne la civilisation de l'islam classique, sa science, sa philosophie, ses centres du savoir, à l'époque sans rivaux – Bagdad l'Abbasside, avec la Maison de la Sagesse du calife al-Mamun, au IXe siècle, puis Cordoue l'omeyyade, Le Caire fatimide... Mais cette formidable effervescence, d'autant plus remarquable que les conditions politiques de son épanouissement étaient peu propices, ne devait pas avoir d'avenir. Comme l'État musulman lui-même, elle manquait de légitimité. Les tenants du dogme auront eu raison des courants rationalistes : à peine surgie à Bagdad, au IXe siècle, l'école mutazilite, qui affirmait que le Coran était créé comme toute chose, était aussitôt supplantée par l'école fondamentaliste avant la lettre d'Ahmad ibn Hanbal. Petit à petit, le débat théologique sera étouffé, le génie arabe se réfugiera dans l'abstraction mathématique, la poésie et la jurisprudence. Finalement, Averroès aura eu davantage d'influence à l'Université de Paris que dans le monde arabo-musulman. Au XIVe siècle, voire, pour certains, dès le IXe, l'islam est définitivement figé dans le dogme. L'éclat, le raffinement et l'apparente puissance matérielle et militaire d'une civilisation incomparable, dont les centres changent au gré des événements politiques, masquent les prémices du déclin. Mais les jeux sont faits.

On ne dira jamais assez l'importance de la curiosité dans l'essor conquérant de l'Occident. Les musulmans ne sont pas curieux. Adeptes de la vraie foi et convaincus de la supériorité de leur civilisation, ils ne se contentent pas de mépriser l'Occident, qu'ils tiennent pour irrémédiablement barbare ; ils l'ignorent. Au début du XVIe siècle, Guillaume Postel enseigne l'arabe et l'hébreu au Collège des lecteurs royaux fondé par François Ier ; personne ne se soucie d'apprendre le français au Caire, à Damas ou à Istanbul. Deux siècles et demi plus tard, lorsque Bonaparte s'embarque pour l'Égypte, les Européens disposent de dizaines d'ouvrages de grammaire et de dictionnaires arabes, persans et turcs ; il n'y en a aucun en face. Pire, il faudra attendre quatre siècles après l'invention de l'imprimerie pour que les oulémas se résignent à l'ouverture définitive d'une presse à Istanbul ; faut-il insister sur le rôle de l'imprimerie dans l'éclosion de la modernité en Europe ?

C'est un lieu commun de l'analyse occidentale, d'ailleurs nourri par les intellectuels musulmans, que de voir dans le ressentiment musulman une réaction aux « humiliations » subies pendant l'ère coloniale. En fait, il remonte à bien plus loin. Lorsque les Turcs se font battre devant Vienne en 1683, leur défaite sanctionne un retard accumulé par rapport à l'Occident qui se compte déjà en siècles. L'Empire ottoman est une formidable puissance militaire et administrative, mais il n'est que cela. Sur le plan économique, scientifique, technologique, il n'a rien à opposer aux puissances occidentales, le monde arabo-musulman encore moins. Ce qui change à partir du XVIIIe siècle, ce n'est pas le rapport de forces, qui ne fait que s'altérer au détriment de l'islam ; mais, pour la première fois, sa perception par les musulmans.

C'est un choc pénible, provoqué par une double confrontation : avec un passé glorieux ; et avec l'Occident, dont l'hégémonie désormais manifeste est d'autant plus insupportable qu'on a passé des siècles à le mépriser. De ce choc-là, le monde islamique ne se sera toujours pas remis. Relever le défi de l'Occident, voilà désormais la grande affaire de l'islam confronté à la modernité.

Il y eut d'abord l'âge des imitateurs. Il s'agissait de faire faire un bond par-dessus les siècles à la société musulmane pour en fabriquer une société occidentale, en adoptant bravement les cadres politiques, sociaux et mentaux de l'Occident.

Le plus radical de ces réformateurs occidentalisés aura été Mustapha Kemal Atatürk. Lui est allé très loin, aussi loin que possible, en imposant à la Turquie en quelques années, à la trique, une laïcité que son modèle aura mis des siècles à accomplir. Le « Père des Turcs » disposait d'un atout considérable : un État certes en ruines, mais qui n'en avait pas moins une existence forte et ancienne, et qui n'avait jamais été soumis à la tutelle coloniale. Seul l'Iran pouvait se prévaloir d'un tel héritage. Les réformateurs arabes n'ont pas eu cette chance. L'Égypte et le Maroc mis à part, leurs États étaient des entités artificielles créées par le colonisateur britannique ou français, des mosaïques communautaires dont le sens de l'État et de la nation restait à inventer. Et tous, Égypte et Maroc compris, avaient subi le joug colonial. Eux ont tâté, successivement ou en même temps, dans toutes sortes de combinaisons plus ou moins audacieuses, plus ou moins fantaisistes, de tous les *-ismes* que leur proposait la modernité politique occidentale : le libéralisme, le nationalisme local ou panarabe, le socialisme autoritaire d'inspiration soviétique enfin. René Rémond a montré jadis le parallélisme troublant des régimes de Nasser, de Boumediene, de Kadhafi et de leurs émules avec le despotisme éclairé du XVIIIe siècle en Europe centrale et orientale. Dans le Tiers Monde arabo-musulman contemporain comme dans la Prusse, l'Autriche et la Russie d'alors, il s'agissait toujours de rattraper d'un coup des siècles de retard par rapport aux puissances occidentales au moyen de régimes modernisateurs autoritaires agissant au nom d'une idéologie émancipatrice : les Lumières à l'époque, le socialisme maintenant.

L'échec est partout patent. En Iran, la modernisation à marche forcée imposée par le dernier shah a abouti à la révolution khomeyniste. Et même en Turquie, le modèle du genre, la Turquie kémaliste partie plus tôt, dans des conditions meilleures, et arrivée plus loin, la démocratie laïque ne saurait se passer de l'appui douteux des baïonnettes. Or, on le sait depuis Talleyrand, on peut tout faire avec des baïonnettes, sauf s'asseoir dessus. D'ailleurs, quand les baïonnettes se font discrètes, les Turcs en profitent pour porter au pouvoir un parti islamiste. Il faut une bonne dose d'aveuglement, ou de complaisance, ou simplement d'ignorance pour affirmer que l'AKP de M. Erdogan, dont l'épouse et les filles ne se montrent en public que voilées, est l'équivalent de la Démocratie chrétienne en terre d'islam. Le voile n'est d'ailleurs qu'un symbole. La vraie question est la capacité de l'AKP, ou de toute autre forme d'islamisme « modéré », à offrir une synthèse de la démocratie libérale et des traditions musulmanes incorporées dans l'État.

La triste conclusion : comme l'a prouvé l'expérience du despotisme dit éclairé, où le nom s'est avéré bien plus réel et durable que l'adjectif, on ne brûle jamais impunément les étapes historiques.

Mais c'est dans le monde arabo-musulman que l'échec de la modernisation par le haut est le plus criant. En Tunisie, où Bourguiba a tenté une synthèse unique en terre d'islam en adoptant des réformes audacieuses – Constitution moderne, émancipation de la femme, modernisation de l'éducation et du système judiciaire – mais sans aller jusqu'au divorce entre État et religion, seule la poigne de fer de Ben Ali empêche les islamistes de relever la tête. Dans le Machrek, les défaites à répétition face à Israël en sont une conséquence et un symptôme, un prétexte commode aussi, surtout pas une cause. Pouvoirs autoritaires, corrompus et discrédités, économies exsangues, le plus fort taux de chômage au monde (13,2 % aujourd'hui au Maghreb et dans le Proche-Orient arabe selon l'Organisation internationale du travail, pire qu'en Afrique subsaharienne), productivité virtuellement nulle, la forte croissance du PNB provenant pour l'essentiel des revenus du pétrole, démographie galopante (près de 60 % des Arabes sont âgés de moins de 25 ans), jetant sur le marché un demi-million de chômeurs supplémentaires chaque année : le monde arabo-musulman est un champ de ruines.

Plus je vieillis et puis je me persuade que la véritable infrastructure des sociétés est mentale – en l'occurrence l'islam, ou plutôt la version fermée, exclusiviste et autocentrée de l'islam qui a fini par s'imposer au Moyen Âge. La lecture des rapports annuels du Programme des Nations Unies pour le Développement (PNUD), rédigés par des intellectuels arabes, est proprement ahurissante. On y apprend par exemple que l'ensemble du monde arabo-musulman a traduit en dix siècles moins d'ouvrages étrangers que l'Espagne n'en traduit de nos jours en une seule année ! Censure politique et religieuse, manque de curiosité, mépris pour ce qui se fait ailleurs, tout se combine pour transformer une civilisation jadis brillante et dominatrice en un vaste ghetto volontaire coupé du reste du monde. Autour de l'an mil, l'arabe était la langue scientifique par excellence, au point que le philosophe et savant juif Maïmonide se disait persuadé qu'on ne pouvait raisonner qu'en cette langue. Aujourd'hui, on ne peut pratiquement plus enseigner les sciences en arabe, et les diplômes des universités du monde musulman ne valent pas le papier sur lequel ils sont imprimés. Voici ce que dit des universités de son pays Pervez Hoodbhoy, professeur de physique nucléaire à l'université Quaid-i-Azam d'Islamabad, dans le *Global Agenda 2006*, le journal du dernier Forum de l'économie mondiale de Davos : « Les universités publiques et, sauf exception, privées du Pakistan sont des ruines intellectuelles, et leurs diplômes ne valent pas grand-chose. Selon le Conseil pakistanais pour la science et la technologie, les Pakistanais ont réussi à enregistrer seulement huit brevets internationaux en cinquante-sept ans. » Bien entendu, le Pakistan n'est qu'un exemple parmi d'autres, et pas forcément le pire : « Il est pratiquement impossible, poursuit le savant pakistanais, de rencontrer un nom musulman dans les journaux scientifiques. La contribution de musulmans à la science pure et appliquée, mesurée en termes de découvertes, de publications et de brevets, est négligeable. La dure vérité est que la science et l'islam sont allés chacun de son côté voici des siècles. En bref, l'expérience scientifique musulmane consiste en un âge d'or du IXe au XIVe siècle, suivi d'une longue éclipse, d'une modeste renaissance au XIXe siècle, enfin, dans les dernières décennies du XXe, d'un fossé apparemment infranchissable entre islam d'une part, science et modernité de l'autre. Ce fossé, semble-t-il, ne fait que s'élargir. »

Comment rendre compte du contraste pénible entre ce qu'on a été et ce qu'on est ? Comment expliquer qu'on a été jadis bâtisseur d'empire, inventeur de civilisation, puissance hégémonique régnant sur des peuples de *dhimmis* (fils des peuples du Livre, « protégés » en terre d'islam), et qu'on n'est plus grand-chose, qu'on ne participe plus à rien, que les anciens *dhimmis* vous tiennent la dragée haute, que la richesse même que Dieu a enfouie sous vos pieds ne profite qu'aux autres ? On peut chercher en soi les raisons de son propre déclin. C'est un exercice rare, difficile et douloureux, auquel rien n'a préparé les musulmans dans le passé, ni ne les y encourage dans le présent. On peut aussi choisir dans le passé ce qui convient au présent, rejeter le reste et entrer de plain-pied dans la modernité. C'est la voie choisie par les dragons, grands ou petits, d'Extrême-Orient. Les musulmans ont choisi la pire : s'accrocher à un passé idéalisé, en rejetant sur les autres la faute de sa disparition. Alors, si l'on s'accuse de quelque chose, c'est d'avoir été infidèle à ce passé prestigieux.

L'islamisme et son excroissance révolutionnaire se sont développés sur ce terreau de la mémoire et de l'échec. Si rien n'a marché, c'est parce que rien n'était à nous et que tout nous a été imposé par l'étranger. Il est grand temps de revenir à la foi de nos pères. Nous retrouverons ainsi le chemin de la grandeur et de la gloire perdues. Comme le proclame la propagande électorale des Frères musulmans égyptiens, « l'islam est la solution ».

Qu'est-ce que l'islamisme ? C'est l'islam intégriste, d'inspiration wahhabite, fait d'idéologie politique. Pour l'essentiel, il s'agit d'islamiser la société en fondant un État authentiquement musulman, c'est-à-dire en retrouvant l'unité perdue entre le pouvoir politique et la communauté des croyants. Comme pour les deux autres totalitarismes du XXe siècle, le communisme et le nazisme, l'État n'a pas d'importance en lui-même ; c'est un outil dont il faut se servir dans la poursuite d'un objectif qui le dépasse et dont la réalisation conduira nécessairement à son abolition. On voit bien ici la différence entre fondamentalisme et intégrisme d'une part, fondamentalisme révolutionnaire de l'autre : les premiers veulent appliquer la charia et ramener les individus vers l'islam, c'est ainsi qu'agit le prosélytisme wahhabite. Le second cherche à instaurer un ordre islamique mondial.

Le premier théoricien de l'islamisme politique a été Hassan el-Banna, un instituteur égyptien qui a fondé en 1928 le mouvement des Frères musulmans. La devise de la confrérie – « Allah est notre but. Le Prophète est notre chef. Le Coran est notre loi. Le djihad est notre voie. Mourir dans notre quête d'Allah est notre espoir le plus cher. » – est le mot d'ordre de tous les partis et mouvements radicaux, sunnites comme chiites, auxquels elle a servi de matrice, du Jamaat-e-Islami pakistanais au Front islamique national de Hassan al-Tourabi au Soudan, en passant par le FIS algérien, le Hezbollah libanais et le Hamas palestinien. Son deuxième maître à penser, et de loin le plus important, fut Sayyid Qotb, un spécialiste de... littérature américaine, égyptien lui aussi, en qui on a pu voir le Lénine du mouvement. Peu connu en Occident, Qotb a laissé derrière lui une œuvre imposante, qui en fait une figure vénérée de tous les fous de Dieu du monde musulman, chiites et sunnites confondus. Un détail qui a son importance : Ben Laden a été l'étudiant en religion de son frère Mohammed à l'Université du roi Abdel Aziz de Djeddah.

Un texte de Qotb rédigé en 1952 à son retour des États-Unis, *The America I Saw*, ouvre une fenêtre sur la mentalité islamiste. Qotb a détesté l'Amérique « qu'il a vue » : une société ouverte et permissive, ou plutôt, à ses yeux, décadente et corrompue, où règnent la promiscuité des sexes, le matérialisme oppressif et l'appât du lucre. L'affrontement avec cette Amérique-là, affirmera plus tard Qotb dans son ouvrage majeur, *À l'ombre du Coran*, comme avec ses suppôts à travers le monde, les juifs et les « croisés », est inévitable. Il prendra la forme d'une guerre totale, apocalyptique, entre la lumière de l'islam et les ténèbres de la *jahiliyya* (l'ère d'ignorance qui a précédé la révélation coranique et lui a survécu chez les infidèles). Et il s'achèvera sur la mise en place du royaume de Dieu sur terre, c'est-à-dire de l'ordre islamique mondial. La coexistence des religions ? Un leurre, au mieux une tactique temporaire, nécessaire pour préparer le dernier acte de la pièce cosmique dont le dénouement ne peut être que la victoire de la lumière sur les ténèbres. Qotb et ses amis n'ont pas attendu Huntington pour proclamer, à leur manière, le « choc des civilisations ».

Mais le tour de l'Amérique viendra plus tard, comme on sait. En attendant, il faut balayer devant sa porte. La conquête du monde commence chez soi, en Égypte, où les « officiers libres » viennent de renverser le régime vermoulu du roi Farouk. Car qu'y a-t-il de commun entre l'idéal de l'*oumma* islamique et un État-nation dirigé par une junte qui se réclame du nationalisme progressiste ? Dans ses *Signes de piste*, le *Que faire ?* du mouvement, le Lénine de l'islamisme donne aux Frères un programme d'action et un objectif stratégique : s'emparer de l'État égyptien, le soumettre à la charia et commencer ainsi à reconstituer l'*oumma* musulmane, la communauté des croyants.

Mais l'État ne se laisse pas faire. Je vous disais tout à l'heure que, dans ces parages, l'État était féroce, mais faible. Renversons la proposition : si l'État est faible, il sait se montrer féroce – après tout, s'il n'a pas de légitimité, il dispose d'une armée et d'une police et de services secrets pléthoriques. En 1954, à peine débarrassé de son aîné, le général Naguib, Nasser jette Qotb et nombre de ses acolytes en prison. Il en sort dix ans plus tard, mais pas pour longtemps. Après trois autres tentatives d'attentat contre le raïs, il est exécuté avec les principaux de ses complices en 1966.

L'histoire des relations entre l'État égyptien et la Confrérie est exemplaire de la manière dont le pouvoir politique s'est mesuré au danger islamiste. Nasser disparu, son successeur, Anouar Sadate, desserre l'étau. Les Frères emprisonnés sont relâchés, la Confrérie reçoit des assurances sur le caractère musulman de l'État et peut désormais publier ses diatribes enflammées contre les ennemis de l'islam dans sa propre presse. En guise de remerciement, un commando islamiste l'assassine en 1981, lors du défilé militaire traditionnel depuis la « victoire » de 1973 contre Israël. Hosni Moubarak fait un pas de plus, en offrant aux Frères une certaine expression politique – non en tant que tels, puisque leur organisation reste interdite, mais en les autorisant à présenter au Parlement des candidats « indépendants ». Comme on l'a vu lors des dernières élections, en novembre-décembre 2005, l'ouverture a des bornes. Effrayés par leur propre audace, les Frères ont limité d'eux-mêmes le nombre des circonscriptions qu'ils disputaient. Surtout, le pouvoir a tout fait pour intimider candidats et électeurs islamistes. Mais une chose est évidente : dans des élections véritablement libres, les Frères auraient remporté la majorité. Comme le Hamas, leur branche palestinienne, lors de la seule expérience de conquête islamiste du pouvoir par les urnes qui ait réussi.

Avec des variations locales, l'État musulman et les islamistes ont joué partout la même partition. Là où ils y ont été autorisés, en Afrique du Nord au Maroc, au Proche-Orient en Jordanie, en Asie en Indonésie et en Malaisie, les islamistes participent ouvertement au jeu politique. En Égypte, ils sont dans les limbes. En Algérie, où ils ont été frustrés des fruits de leur victoire électorale, ils ont pris les armes, avec les résultats que l'on sait. Mais partout, l'État s'est avéré trop puissant pour être pris d'assaut. Alors, plutôt que de l'affronter bille en tête, ils se sont lancés dans sa conquête par en bas : par le grignotage patient de tous les rouages de la société civile (les organisations professionnelles, l'éducation, la santé, le crédit), par l'islamisation des mœurs (fermeture des débits de boissons, port de la barbe et du voile), bref, par l'islamisation de la société. Les islamistes jouent sur du velours : face à un État bureaucratique et brutal, rongé par la corruption et le clientélisme et incapable d'assurer le minimum vital à ses populations, ils en sont tout simplement l'unique alternative.

En quête d'une impossible légitimité, le pouvoir musulman compose avec les fanatiques, en passant avec eux une sorte de contrat tacite : à lui l'État, à eux la société. Depuis les années soixante-dix, la charia est devenue source principale du droit ou seul code légal dans la plupart des pays du Maghreb, du Proche et du Moyen-Orient, ainsi qu'au Pakistan et dans les États musulmans de la fédération nigériane. Les procès pour homosexualité, apostasie et blasphème se multiplient. Parfois, la mobilisation internationale sauve quelques malheureux – telle jeune femme condamnée au Nigeria à être enterrée vive et lapidée pour adultère, tel « apostat » afghan condamné à mort à la barbe des forces de la coalition et qui a pu trouver refuge en Italie. Parfois, la notoriété des victimes fait de certains cas des causes célèbres. Mais pour une Taslima Nasreen, poursuivie au Bangladesh pour « blasphème », ou un Faraj Foda, l'écrivain égyptien assassiné après que le recteur d'Al-Azhar l'a déclaré « apostat », ou encore un Abou Zeid, écrivain égyptien lui aussi, forcé de divorcer de sa femme parce que déclaré « apostat » par un tribunal islamique, et, à ce titre, dans l'incapacité de rester l'époux d'une musulmane, combien de sans-grade dont la vie est devenue un enfer sous la loi islamique ?

Le sort des minorités en terre d'islam est de plus en plus misérable. La Terre sainte se vide de ses chrétiens ; les coptes d'Égypte, qui, en octobre 2005, à Alexandrie, ont été victimes d'un véritable pogrom (à Alexandrie, jadis la cité la plus ouverte et cosmopolite d'Orient !), sont traités comme les juifs sous l'Empire tsariste ; en Indonésie, où les violences antichrétiennes sont devenues banales, les islamistes locaux proclament leur volonté d'en finir une bonne fois pour toutes avec la présence de la communauté chrétienne dans leur pays.

Travaillées par l'avant-garde islamiste, les masses musulmanes, pauvres, incultes et abruties par la propagande d'une presse aux ordres, sont inflammables à volonté. Le moindre incident, le prétexte le plus anodin provoquent, au mieux, des manifestations monstres, au pire des violences épouvantables. En 2002, on organise un concours de beauté à Kaduna, dans le Nord du Nigeria : plus de 200 morts. Dans l'État de Bauchi, toujours au Nigeria, un enseignant chrétien enlève des mains d'un élève musulman le Coran qu'il lit en classe sans permission : 25 morts. Multiplier ce genre d'exemples est inutile, la presse quotidienne en regorge.

La dernière en date de ces irruptions, et sans doute la plus riche d'enseignements, est l'affaire des caricatures danoises. Il s'agit, vous vous en souvenez, d'une douzaine de dessins publiés la première fois le 30 septembre 2005 par le *Jyllands-Posten*, et dont l'une montrait le Prophète enturbanné d'une bombe à la mèche allumée. Soigneusement orchestrée, l'explosion, survenue quatre mois après, a embrasé le monde musulman pendant des semaines et provoqué la mort de dizaines de personnes. Les pires violences ont eu lieu au Nigeria, en février, où au pogrom dont ont été victimes les chrétiens dans le Nord à majorité musulmane, a répondu un pogrom anti-musulman dans le sud à prédominance chrétienne. Comme souvent, le conflit religieux s'est doublé ici d'un affrontement ethnique, Ibos chrétiens du Sud, nombreux à maintenir vivace l'espoir d'un

Biafra indépendant, contre Hausas musulmans du Nord.

La réaction des gouvernements d'Occident, tenu pour collectivement responsable de l'affront, a été conforme à ce qu'on pouvait attendre. Vous souvenez-vous de l'affaire Salman Rushdie, cet écrivain britannique d'origine indienne condamné à mort par une fatwa de Khomeiny pour avoir écrit *Les Versets sataniques* ? Aujourd'hui comme alors, ce fut un concert de balbutiements, où à une vague apologie de la liberté d'opinion se mêlaient des jugements critiques sur la qualité supposée médiocre des caricatures en question et des protestations embarrassées de respect pour la foi blessée des musulmans. À l'époque, Jacques Chirac avait traité publiquement l'écrivain de « fumiste » et Margaret Thatcher s'est contentée de lui payer des gardes du corps. Aujourd'hui, on a laissé les Danois se débrouiller tout seuls avec leurs consulats incendiés et le boycott de leurs produits...

La réaction des dirigeants musulmans a été sans surprise aussi. Ils auraient pu s'appuyer sur la fraction éclairée de leurs opinions publiques ; après tout, l'islam, pas plus que n'importe quel autre système de croyance, n'est un bloc. Saviez-vous que onze journalistes dans cinq pays musulmans ont publié les fameuses caricatures danoises ? Ils l'ont fait pour les condamner, bien sûr, mais aussi pour informer leurs concitoyens, s'élever contre la manière dont le monde musulman a réagi et provoquer le débat. Il y fallait plus de courage qu'à Copenhague : ils se sont tous retrouvés derrière les barreaux pour blasphème. Le plus éminent parmi eux, le journaliste jordanien Djihad Momani, a écrit dans son journal, *Shihan* : « Qu'est-ce qui porte davantage préjudice à l'islam, ces caricatures, ou l'image d'un preneur d'otages coupant la gorge de sa victime devant les caméras, ou celle d'un kamikaze qui se fait sauter au milieu d'une cérémonie de mariage ? » Un autre, le Yéménite Muhammad al-Assadi : « Les musulmans tenaient là l'occasion d'éduquer le monde sur les mérites du Prophète et le message de paix qu'il a apporté. [Mais] les musulmans savent mieux comment rater les occasions plutôt que de les exploiter. » Les gouvernements les ont ignorés. Ils ont préféré hurler avec les loups, en faisant mine de ne pas comprendre que le gouvernement danois n'y était pour rien et n'y pouvait rien. Il s'agissait de prouver, encore et toujours, qu'ils étaient de bons musulmans, et les vrais défenseurs de la vraie foi. En ont-ils persuadé un seul islamiste ? On est en droit d'en douter.

Résumons donc : l'État musulman a tenté de chevaucher le tigre. Le tigre est en train de lui dévorer les entrailles.

Tout cela serait navrant pour les musulmans mais relativement indifférent aux Occidentaux, si l'islamisation des esprits et des sociétés n'avait fini par donner naissance, voici une vingtaine d'années, à une mutation terroriste, qui, elle, intéresse l'Occident de bien plus près qu'il ne l'aurait souhaité. C'est, je l'ai dit, un des effets pervers de la mondialisation. Non que les islamistes se désintéressent désormais de l'État musulman, dont la conquête, comme on l'a vu, se poursuit sans relâche ; mais l'arène du combat s'est dilatée aux dimensions de la planète. Cela, c'est l'œuvre d'une nouvelle génération de fondamentalistes révolutionnaires : la génération al-Qaida.

« La Base », telle est la signification d'*al-Qaida*, est née au début des années quatre-vingt, dans le combat contre les forces d'occupation soviétiques d'Afghanistan, lorsqu'un Frère musulman d'origine palestinienne, Abdullah Azzam, a créé un « bureau des services » au Pakistan, dans le Peshawar voisin. Oussama Ben Laden et son premier noyau de moudjahidin ont fait leurs premières armes là-bas. L'Afghanistan a servi d'école, de source d'inspiration idéologique et, sous les talibans, de base arrière. Mais ce n'était qu'une étape sur le long chemin qui conduit au califat mondial. Voici trois itinéraires typiques, correspondant à trois aires d'action : le Jordanien Ahmed Fadel Nazzal al-Kalaylah, dit Abou Moussab al-Zarkaoui, le Malaisien Nasir Abas et l'Égyptien Abou Hamza. Ce ne sont pas de grands idéologues. Mais à eux trois, ils résument assez bien l'esprit et la manière d'agir du fondamentalisme révolutionnaire de la tendance internationaliste.

Comme son nom de guerre l'indique, al-Zarkaoui est originaire de Zarka, une bourgade jordanienne. Adolescent, c'est une petite frappe sans envergure. Il n'a pas vingt ans et déjà un passé chargé, lorsque sa mère, espérant l'amender, lui fait fréquenter une mosquée d'Amman. Le voici parti pour l'Afghanistan, où, arrivé trop tard pour se battre contre les Soviétiques, il se découvre l'âme d'un moudjahid, un adepte du djihad, et s'invente une légende : il y a vu en rêve un sabre gravé du mot « djihad », signe manifeste de sa destinée. De retour en Jordanie, en 1993, il y fonde un petit mouvement appelé *Bay'at al-Imam*, le « vœu d'allégeance à l'imam », ce qui lui vaut d'être arrêté, jugé et condamné à quinze ans de prison. Il en fera trois. Gracié en 1999 à l'avènement du roi Abdallah, il repart pour l'Afghanistan des talibans, où il reprend du service comme commandant d'un camp d'entraînement d'al-Qaida. C'est désormais un personnage important, disposant de son propre mouvement – *Tawhid wal-Djihad* (« Unicité [de Dieu, le credo central en islam] et guerre sainte »). Chassé par les troupes de la coalition qui mettent fin au règne des talibans, il se réfugie dans le Kurdistan irakien, où il est accueilli par les frères djihadistes locaux de l'*Ansar al-Islam*. Il lui faudra déguerpir de là aussi. Le voici dans son dernier repaire, le triangle sunnite, où il s'autoproclame chef d'al-Qaida en Mésopotamie. Là, à force de cruauté télévisée, notamment en décapitant lui-même des otages occidentaux devant les caméras, il se hausse au niveau de Ben Laden lui-même dans la détestation des Américains. Son grand fait d'armes est, le 22 février 2006, la destruction du sanctuaire chiite de Samarra. Haut lieu de l'islam chiite, cet imposant monument vieux de douze siècles, dont la coupole dorée était connue dans le monde entier, abrite les tombes de deux figures saintes du chiisme : les dixième et onzième imams, descendants du Prophète et père et grand-père de l'imam al-Mahdi, « l'imam caché » disparu ici-même, le messie dont le retour attendu doit marquer le début de l'apocalypse. Pour qui

veut allumer la guerre civile – c'est la volonté
affichée de Zarkaoui –, la cible est bien choisie.
En réaction, des dizaines de mosquées sunnites
sont attaquées à travers le pays, et l'on dénombre
près de cent cinquante tués. Ce sera son dernier
coup d'éclat : le 8 juin 2006, les Américains ont
enfin la peau d'Abou Moussab al-Zarkaoui, dit le
« Lion d'Irak ».

Tout ce que je sais de Nasir Abas, je l'ai
emprunté à l'excellent reportage de Philippe
Grangereau publié dans *Libération* le 25 octobre
2005. Âgé à l'époque de trente-cinq ans, Nasir
est un Malaisien né à Singapour. Ancien élève
d'un *pondok*, une madrasa locale, il y a fréquenté
l'Indonésien Abou Bakr Bashir, chassé de son
pays par Suharto pour avoir appartenu au Darul
Islam, le parti qui avait cherché à instaurer un
État islamique en Indonésie au moment de l'indé-
pendance. Bashir est un personnage considérable,
le vrai maître à penser du djihadisme en Asie du
Sud-Est, où un islam autrefois ouvert et tolérant
est de plus en plus noyauté par le fondamentalisme révolutionnaire façon al-Qaida. Futur émir
de la Jemaah Islamiyah (« communauté de
l'islam ») indonésienne et chef du Conseil des
moudjahidin de ce pays, il sera condamné en 2002
pour sa participation aux attentats sanglants de

Bali (202 morts). Séduit par le djihad, Nasir rejoint bientôt un camp d'entraînement au Pakistan. Ce camp est une « académie du djihad » de la faction Ittihad-e-Islami d'Abdul Rasul Sayyaf, un proche de Ben Laden, dont le secrétaire particulier se trouve être Khalid Sheikh Mohammed, futur cerveau des attentats du 11 septembre. On y apprend le maniement des armes, mais aussi la religion, notamment avec Abdullah Azzam, le maître à penser de Ben Laden. En fait, s'il lui arrive de rejoindre le front afghan contre les Soviétiques, Nasir, comme les autres Asiatiques qui transitent par ce camp, est là surtout pour préparer le djihad chez lui, en Indonésie. Le voici à son tour instructeur. À ce titre, il formera, entre autres, quelques-uns des terroristes responsables de la tuerie de Bali. En 1992, Kaboul tombe aux mains des moudjahidin, et Nasir s'en va rejoindre un autre camp, à la frontière afghano-pakistanaise. C'est là qu'est fondée la Jemmah al-Islamiya indonésienne, dont Bashir prendra la tête en 1999. Rentré en Malaisie en 1992, Nasir exerce de petits boulots, avant d'être envoyé à Mindanao, aux Philippines, pour entraîner les indépendantistes du Mouvement islamique de libération moro. « Suleiman », comme il s'appelle désormais, est comandant d'un camp dans la jungle. Il retourne chez lui en 1996, se marie, et devient chef d'un *wakalah* (« bataillon ») de la Jemmah – un mouvement militarisé qui compte désormais des milliers de membres –, puis d'une *mantiqi* (« brigade ») en Indonésie. Il est désormais l'un des principaux responsables de la principale organisation islamiste d'Asie, qui multiplie les coups de main dans le plus grand pays musulman de la planète : attentats contre des églises chrétiennes en 2000, attentats meurtriers de Bali en octobre 2002, attentat contre l'hôtel Marriott de Djakarta en août 2003, attentat contre l'ambassade d'Australie en septembre 2004, attentats antichrétiens à répétition aux Moluques et aux Célèbes, sans mentionner ceux qui ont été déjoués à temps. Il finit par être arrêté en avril 2003, et retourné par la police. Depuis, il coopère.

Abou Hamza l'Européen enfin. Dans la mouvance djihadiste de « Londonistan », Mustafa Kamel, dit Abou Hamza al-Masri (« L'Égyptien »), est sans doute le personnage le plus haut en couleur. Né à Alexandrie en 1958, il est videur de boîte de nuit à la fin des années soixante-dix (sa période de *jahilliyya*, d'« ignorance préislamique », dit-il), avant de partir pour Londres afin d'y faire ses études. Ingénieur civil à Sandhurst, il épouse une Anglaise et reçoit la citoyenneté britannique. C'est au contact des « Afghans », qui commencent à affluer à Londres au début des années quatre-vingt-dix, qu'Abou Hamza verse dans l'islam radical. Passage obligé par l'Afghanistan, où il se bat contre les Soviétiques et le régime communiste de Najibullah. Si son « principal souci est de se faire tuer par Allah », il devra se contenter d'y perdre ses deux mains et un œil. Revenu à Londres, il y crée sa propre organisation, les « Partisans de la charia » et se lance dans la révolution islamiste mondiale, avec le Yémen comme banc d'essai et rampe de lancement. C'est là, décide-t-il, que doit commencer « l'effet domino » qui aboutira à l'instauration du califat mondial. Les autorités yéménites l'accusent d'avoir participé, en octobre 1998, à une tentative d'assassinat du président Ali Abdallah Saleh, à une série d'attentats à la bombe, ainsi que, en décembre de la même année, à l'enlèvement de seize touristes étrangers, dont quatre, trois Britanniques et un Australien, seront tués lors de l'opération de sauvetage. Mais il s'intéresse aussi à d'autres aires de combat, comme la Tchétchénie, ou ce qu'il appelle joliment les Serpents-Unis d'Amérique. Et, bien sûr, à l'Europe. À Londres, son quartier général est la mosquée de Finsbury Park, dont il a pris le contrôle avec un autre prédicateur radical, d'origine palestinienne celui-là, installé comme « réfugié politique » (cela ne s'invente pas) en Angleterre, en 1994 : Omar ibn Mahmoud Abou Omar, dit Abou Qatada, docteur en droit islamique et membre fondateur du Comité des fatwas d'al-Qaida. C'est là que sont recrutés, endoctrinés et entraînés nombre de combattants du djihad à travers le monde, dont deux ont gagné une célébrité méritée : Richard Reid, le Britannique converti à la chaussure piégée, et le Français d'origine marocaine Zacharias Moussaoui. Après le 11 septembre, l'atmosphère londonienne change pour Abou Hamza et ses amis, avant qu'elle ne devienne irrespirable dans la foulée des attentats du 7 juillet 2005. L'accord tacite qui permettait aux islamistes de dire n'importe quoi et de faire n'importe quoi, à condition de ne pas se livrer à la violence sur le sol britannique, est désormais caduc. Abou Qatada est arrêté en novembre 2002, Abou Hamza lui-même en mai suivant, jugé et reconnu coupable de onze chefs d'incitation au meurtre. Ce n'est peut-être pas la fin de « Londonistan », mais cela y ressemble.

Si la Grande-Bretagne a été exceptionnellement bonne pour les islamistes, l'Europe tout entière a été pour eux un formidable terrain de chasse. Énormes communautés musulmanes souvent ghettoïsées, sous-employées et vivant en marge de la société d'accueil ; recrutement relativement facile parmi les masses de jeunes déboussolés des banlieues des grandes villes ; États de droit qui protègent par définition la dissidence intellectuelle et politique ; et, en toile de fond, une énorme culpabilité collective, née de la colonisation, qui fait de beaucoup de citoyens des témoins passifs, sinon compréhensifs, et d'une petite frange de militants des sympathisants actifs. Ces jeunes gens en lutte ne sont-ils pas les nouveaux défenseurs des damnés de la terre ? Certes, leur fanatisme religieux est quelque peu problématique, tout comme la manière dont ils traitent les femmes, et aussi leur antisémitisme grossier et violent. Mais l'essentiel n'est-il pas ailleurs, dans leur rôle d'avant-garde des peuples opprimés en lutte contre l'impérialisme américain sur le plan mondial, dans l'expression des revendications des laissés-pour-compte de la mondialisation sur le plan local ?

Après les chefs et les masses, voici donc les soldats. Le parcours des recrues obéit à un modèle : adolescence difficile, souvent délictueuse, radicalisation religieuse en prison ou dans une mosquée où officie un imam radical, ou successivement dans les deux, le voyage initiatique dans les foyers de la guerre contre les « croisés » :

Afghanistan, Bosnie, Irak. Mais si le parcours initiatique est le même, la misère intellectuelle et matérielle n'explique pas tout, pas plus qu'une intégration apparemment harmonieuse ne préserve des sirènes du fondamentalisme révolutionnaire. Les terroristes de Londres étaient parfaitement intégrés, de même que les membres de la cellule islamiste qui a été démantelée en mars 2006 à Montpellier : des étudiants français d'origine marocaine, issus de couples aisés, parfois mixtes, et poursuivant à l'université de sciences et techniques du Languedoc (Montpellier II) d'excellentes études d'ingénierie. Et toujours la même histoire : découverte de l'islam dans une association locale, endoctrinement idéologique, enrôlement sous la bannière du djihad au service des frères d'Irak ou d'Algérie.

Ce que tous, bourgeois et prolétaires, ont en commun, explique l'anthropologue Dounia Bouzar dans son excellent *Quelle éducation face au radicalisme religieux ?* (éditions Dunod), c'est le déracinement. Leur religion est un prétexte, un outil de pouvoir et un rêve d'appartenance. Ce n'est pas tant le projet qui les mobilise, que la voie pour y parvenir. Se sentant de nulle part, ils trouvent soudain un chez-soi. Ils ne seront jamais chez eux, pensent-ils, en France ou en

Grande-Bretagne ; ils seront chez eux dans la révolution islamique mondiale.

Ces musulmans européens, nés et éduqués en Europe et dûment occidentalisés, ont été en fait islamisés sur place. Leur apprentissage musulman a été le plus souvent superficiel. Il y a d'ailleurs parmi eux un nombre non négligeable de convertis de fraîche date. Ce sont en fait des analphabètes religieux, que seule intéresse l'action directe. Coupés de leur pays d'origine, dont ils ignorent la langue et les coutumes, et sans lien direct avec les aires de conflit majeures, ce sont d'authentiques internationalistes. Le sort de l'État-nation les laisse froids ; eux ne s'intéressent qu'à l'*oumma* globale. Produits de la mondialisation, ils en sont des acteurs. En fait, c'est le nouveau visage de l'anarchisme gauchiste violent dont l'Europe a fait les frais dans les années soixante-dix, l'avatar musulman des terroristes de la bande Baader-Meinhof, des Brigades rouges italiennes, de l'Armée rouge japonaise ou de l'Action directe française. Leur haine de la modernité, symbolisée par une Amérique impériale, est la même, la même aussi leur confusion idéologique, dédaigneuse des complexités de la nature humaine comme de la vie sociale et où

seule surnage la détestation de la démocratie libérale, le même le mépris implacable pour la vie
humaine au nom du bonheur de l'humanité, le
même, enfin, le goût de l'action « révolutionnaire ». Négocier avec eux ne signifie rien,
puisqu'ils ne demandent rien et qu'on ignore ce
qu'ils veulent, sinon tuer le plus de gens possible,
voilà tout. Dans l'immédiat, du moins.

Si leur idéologie est la même que celle de tous
les islamistes – pour l'essentiel, le wahhabisme,
tel qu'il a été exporté depuis les années soixante-
dix par l'Arabie Saoudite dans le monde entier –,
eux en font un credo simplifié à l'extrême, dont
l'action directe est le principe directeur et le djihad la justification. Or, dans une religion sans
autorité centrale comme l'islam, n'importe quel
ouléma peut proclamer la guerre sainte, voire
n'importe qui. C'est désormais le mot d'ordre du
fondamentalisme révolutionnaire islamique, véhi-
culé par tous les moyens qu'offrent les techniques
modernes de communication de masse, Internet
surtout. On a recensé plus de cinq mille sites qui
diffusent le message de « la Base », en même
temps que des conseils pratiques pour fabriquer
tout ce que l'imagination terroriste peut inventer
afin de dépêcher des êtres humains dans l'enfer
des infidèles. Le califat mondial existe ; le but

d'al-Qaida et consorts est de transformer ce califat virtuel en califat réel.

Comment « la Base » fonctionne-t-elle en réalité ? Se trompent ceux qui s'imaginent une organisation tentaculaire irriguée par les consignes d'une direction clairement désignée à laquelle on obéit au doigt et à l'œil. Al-Qaida a peut-être été cela à ses débuts ; la guerre d'Afghanistan et les coups de boutoir des services occidentaux l'ont forcée à s'adapter. C'est désormais une sorte d'archipel de la terreur, en même temps qu'une marque de fabrique et une source d'inspiration. Elle fédère dans une structure lâche des groupuscules qui se réclament d'elle mais qui agissent de manière parfaitement autonome. En Irak, al-Zarkaoui s'est proclamé chef d'al-Qaida en Mésopotamie, mais a poursuivi une politique anti-chiite qui n'était probablement pas du goût de Ben Laden, d'al-Zawahiri et de leur Comité de sages. Et les commandos qui ont agi en son nom à Madrid (11 mars 2004, 191 morts) et à Londres (12 juillet 2005, 52 morts) l'ont fait de leur propre chef, lorsque l'occasion s'en est présentée. Il est probable que tel fut également le cas de la cellule de musulmans britanniques démantelée alors qu'elle planifiait une attaque contre l'aviation civile par rapport à laquelle l'attentat du

11 septembre aurait fait modeste figure (août 2006).

Voilà comment cela se passe. Le Comité des sages conseille, ou non, une opération dont la nature n'est pas nécessairement précisée. Des individus, mus par la soif du martyre, découvrent le conseil sur Internet et décident de faire quelque chose – ou décident de faire quelque chose indépendamment de toute consigne dudit Conseil. Internet fournit les mots d'ordre idéologiques et les recettes opérationnelles. Le reste est affaire d'initiative, de sens du sacrifice, d'un peu de talent logistique et d'une poignée d'euros, qu'on se procure sur place grâce à des dons charitables ou des larcins. Fabriquer une bombe coûte trois fois rien – quelque cinq cents livres sterling pour tuer cinquante-deux personnes, soit dix livres par mécréant (ou musulman qui a eu le tort de se trouver au mauvais moment au mauvais endroit), voilà un excellent rapport qualité-prix.

Le recrutement des candidats au suicide est à l'avenant. Pas de réseaux compliqués, pas de campagnes de persuasion, pas d'agents recruteurs. Les groupes se forment sur place, sur le campus, en prison ou dans la cité. On discute religion et politique, on se radicalise ensemble et, ensemble, on se met en réseau. Ce n'est pas al-Qaida qui va vers les candidats éventuels au dji-had, ce sont les candidats confirmés au djihad qui vont vers al-Qaida. Il ne restera au chef nominal de « la Base » que de glorifier l'exploit devant les caméras d'al-Jazeera. C'est là sa véritable force : l'alliance d'une idéologie brute et primi-tive avec tout ce que l'Occident honni lui a offert en matière de technologie de pointe. Expert communicateur et maître de la mise en scène, l'émir se trouve comme chez lui dans le village cybernétique et télévisuel global. On comprend dans ces conditions pourquoi la « guerre contre le terrorisme » du président Bush est mal partie.

D'autant que les terroristes se meuvent dans la population comme poissons dans l'eau. Ben Laden est de loin l'homme le plus populaire dans le monde musulman (concurrencé, il est vrai, depuis la « victoire » du Hezbollah sur Tsahal, par Hassan Nasrallah). Au seul Pakistan, douze mille madrasas constituent un vivier pratiquement inépuisable de recrues potentielles. En Europe, la situation n'est pas bien brillante non plus. En Grande-Bretagne, les services de Sa Majesté estiment à quelque trois mille le nombre de Bri-tanniques, nés et éduqués en Angleterre, qui sont passés à un moment ou à un autre par les camps d'entraînement d'al-Qaida. Les sondages publiés par la presse d'outre-Manche montrent que près de deux cent mille musulmans britanniques, soit plus de 10 %, approuvent les attentats du 7 juillet ; qu'un bon quart d'entre eux, soit près de cinq cents mille, soutiennent le djihad contre l'Occident ; qu'un tiers, soit six cents mille, préféreraient vivre sous la charia ; que dans leur immense majorité, enfin, ils se disent persuadés que la guerre contre le terrorisme n'est qu'une croisade anti-islamique déguisée.

Effrayant, n'est-ce pas ? Alors, que faire ?

Le combat contre le fondamentalisme révolutionnaire musulman est la grande affaire du XXIe siècle

Cher Européen perplexe, si vous attendez une réponse simple à cette question simple, nous avons tous les deux perdu notre temps. Tout ce que je peux vous offrir, ce sont des bouts de réponse, forcément incomplets et insatisfaisants. Mis ensemble, ils peuvent peut-être constituer un début de solution. Mais le plus important, je crois, est de comprendre ce qui se passe. J'espère vous avoir fourni quelques clés pour prendre pleine conscience du problème, dans toute sa terrible et menaçante complexité : l'Occident démocratique est en guerre contre une idéologie globale qui entend user du terrorisme à une échelle inédite afin de le mettre à mort.

Vous savez, les calamités qui frappent l'humanité surviennent moins parce que les victimes désignées refusent de prêter oreille aux prophètes du malheur de leur propre camp (ceux-là se trompent souvent) que parce qu'elles refusent de croire aux menaces de leurs futurs bourreaux. Combien, avant août 1940, avaient lu *Mein Kampf* ? Combien, parmi ceux qui l'ont lu, lui ont prêté foi ? Combien, aujourd'hui, lisent la littérature abondante des fous de Dieu ? Combien croient le petit Hitler de Téhéran lorsqu'il promet de « rayer Israël de la carte » – autrement dit, comme il est peu probable qu'Israël se laisse faire, d'entraîner la région et le monde dans un cataclysme nucléaire ?

Une longue fréquentation de ces agités m'a convaincu qu'il fallait les croire sur parole. C'est le début de la sagesse. Le cynisme est l'apanage des gens raisonnables ; les fanatiques sont gens sincères, hélas !

Je sais, c'est difficile. Nous sommes devenus tellement raisonnables, la guerre de religion est si loin de nous, de notre expérience, de notre manière d'être au monde, que nous imaginons mal qu'on puisse y sacrifier, mieux, l'appeler de ses vœux. Alors, devant ce phénomène, nous

adoptons deux attitudes passablement contradic-
toires. L'une consiste à refuser à ceux que nous
n'aimons pas le label de bon chrétien, ou de bon
juif, ou de bon musulman. Ainsi, l'islam de Ben
Laden serait un islam « dévoyé ». Dévoyé par rapport à quoi ? Par rapport à l'idée lénifiante et
sympathique que nous nous en faisons, que nous
aimerions nous en faire. Mais il est idiot d'enseigner le « vrai » islam à Ben Laden, qui connaît
probablement son Coran sur le bout des doigts.
Car, on l'a vu, il n'y a pas de vrai islam. La
lecture de l'émir d'al-Qaida est aussi « vraie » que
celle de n'importe qui. Elle est simplement cri-
minelle.

La seconde attitude est de refuser l'évidence.
Il ne peut s'agir de religion, puisque nous, Occidentaux, sommes « sortis de religion ». Aussi
cherchons-nous des causes « raisonnables » aux
guerres de religion, économiques, politiques, ter-
ritoriales. Tenez, si seulement on parvenait à
régler l'irritant problème du Proche-Orient... Il
n'en est rien, bien sûr. Même si demain un État
palestinien était créé sur l'ensemble des Territoires occupés, non, même si l'État d'Israël dis-
paraissait et les réfugiés rentraient en masse à
Haïfa, Lod et Jaffa, cela ne changerait rien au
combat d'al-Qaida contre « les juifs et les

croisés ». La raison profonde d'une guerre de religion n'est pas le territoire, ni l'argent, ni la forme du pouvoir. C'est la religion.

Comprenez-moi bien, je ne veux pas dire qu'il ne sert à rien de résoudre le problème du Proche-Orient, ou du Cachemire, ou de la Tchétchénie, ou de l'Irak... Il faut résoudre ces problèmes parce qu'il faut les résoudre, c'est une évidence de bon sens politique et moral. Je ne prétends pas non plus qu'il n'existe aucun lien entre ces conflits locaux et la fermentation islamiste. Manifestement, ces abcès de fixation, et celui du Proche-Orient en premier lieu, facilitent grandement le recrutement des apprentis terroristes et autres kamikazes. Je dis simplement qu'ils en sont les catalyseurs, pas la cause. C'est l'effondrement du califat ottoman qui a créé le vide dans lequel se sont engouffrés les Frères musulmans égyptiens, vingt ans avant la création de l'État d'Israël. Et Ben Laden se fiche comme d'une guigne du sort des Palestiniens, comme d'ailleurs du sort de tout État-nation en terre d'islam.

Si vous me concédez cela, nous pouvons nous poser maintenant la question de Lénine – et de Qotb : Que faire ? Considérons-la un instant sous l'angle planétaire, global comme on dit aujourd'hui, avant de nous attarder sur son aspect européen. Les deux sont liés, bien sûr, et relèvent pour une part des mêmes solutions. Mais le premier est surtout une affaire de juste combinaison entre force et développement, alors que le second est d'abord une question d'intégration.

Le moins qu'on puisse dire sur la « guerre contre le terrorisme » déclarée par le président Bush après le 11 septembre est que ce n'est pas un franc succès. L'homme a correctement identifié le problème ; mais, esprit borné entouré de brillants idéologues, il a raté sa solution. Faire la guerre aux talibans était correct ; ne pas s'assurer que la victoire fût suivie par une véritable prise en main militaire et civile du pays était stupide. Résultat : les talibans relèvent la tête dans six provinces afghanes, et le gouvernement du président Karzaï, dont la popularité dans son pays est inversement proportionnelle à ce qu'elle est en Occident, ne gouverne que Kaboul et ses environs. Faire la guerre à l'Irak était déjà discutable en soi ; elle aurait pu prendre un sens si on avait enfin saisi à bras-le-corps le problème palestinien avant, et si on avait inondé le pays de troupes, d'ingénieurs civils et d'argent après, lui permettant ainsi d'effectivement bénéficier de la liquidation d'un régime ubuesque. Mais Washington, dont le sens de la direction est manifestement déficient, était convaincu que « le chemin de Jérusalem passait par Bagdad », Rumsfeld entendait prouver qu'il pouvait faire avec une petite armée mieux que son prédécesseur avec une grosse, et tout le monde s'imaginait que mettre à bas la statue du dictateur moustachu allait suffire au bonheur des Irakiens éperdus d'amour et d'admiration pour leurs libérateurs. Résultat : le pays sombre dans la guerre civile, en devenant vraiment cette plaque tournante du terrorisme djihadiste qu'on prétendait faussement qu'il était sous Saddam. Chemin faisant, les Américains se découvrent haïs comme jamais par tout ce que le monde compte d'obscurantiste et d'éclairé, ce qui est tout de même un exploit. Tant pis, pourraient-ils dire, *oderint dum metuant*. Le problème est qu'« ils » détestent, mais ne craignent point. Ils, ce sont tous les ennemis du Grand Satan, Iraniens et Nord-Coréens en tête, aux yeux desquels la puissance de dissuasion américaine est aujourd'hui en lambeaux.

À sa décharge, son prédécesseur n'a guère fait mieux. En 1993, le président Bill Clinton a lancé l'opération humanitaire « *Restore Hope* » en Somalie : dix-neuf appareils, douze véhicules et cent soixante hommes. Dix-huit y ont laissé la vie, et l'on a pu voir sur les écrans du monde entier le corps d'un pilote américain traîné dans la poussière par une foule en liesse. De son propre témoignage, ce fut pour Ben Laden un énorme événement, la preuve que l'Amérique pouvait être vaincue et humiliée, et un exemple à suivre. Quelques semaines avant le 11 septembre, l'émir d'al-Qaida glorifiait dans une fatwa l'exploit des moudjahidin somaliens. Vous êtes venus imbus de votre puissance, dit-il en substance aux Américains, mais il a suffi de quelques petites batailles et d'un pilote traîné dans les rues de Mogadiscio pour vous faire partir la queue entre les jambes. Et il ajoutait : « Clinton est apparu face au monde entier en menaçant et en promettant vengeance, mais ce n'étaient là que mots qui masquaient la retraite... L'étendue de votre impuissance et de vos faiblesses est devenue parfaitement claire... »

Il n'avait pas tort. Treize ans plus tard, les hommes des Tribunaux islamiques s'emparaient de Mogadiscio, offrant à « la Base » une base de plus. Et l'ensemble de l'Afrique musulmane est en train de basculer dans l'islamisme.

La première leçon à tirer de cette suite de fiascos est militaire, la deuxième est économique, la troisième est diplomatique, la quatrième est que les trois premières n'en font qu'une.

Sur le plan militaire, lorsqu'on décide d'y aller, il faut le faire avec la « force écrasante » (*overwhelming*) chère à la doctrine Powell et la détermination farouche de Churchill. On ne « restaure pas l'espoir » avec cent soixante soldats. Reculer comme les Américains l'ont fait parce qu'ils ont perdu des hommes en Somalie, comme les Américains et les Français l'ont fait parce qu'ils ont été victimes dix ans auparavant d'attentats terroristes du Hezbollah à Beyrouth, c'est toujours, Ben Laden nous le dit, une preuve de faiblesse. Et la faiblesse se paye cher, très cher. Ce n'est pas une question de haute stratégie, mais de psychologie : le fondamentaliste révolutionnaire musulman est un homme pieux, certes, mais aussi un indécrottable macho, qui comprend et respecte la force.

Mais le bâton, aussi gros soit-il, n'est rien sans la carotte. Je ne parle pas de l'aide internationale au développement, qui est ridicule. Songeons que la fondation de Bill Gates est plus riche que le budget d'aide extérieure d'un pays comme la Belgique. Je reste dans le cadre étroit qui nous intéresse, la guerre contre le terrorisme. Or, cette guerre-là n'est pas un conflit classique, où la victoire sur le champ de bataille vous apporte la paix, ou au moins un traité de paix, qui dure ce qu'il

dure. Ici, on ne se bat pas contre des gouvernements qui représentent des peuples, mais contre
une nébuleuse qui véhicule une idée. Aussi bien,
la bataille des esprits est plus importante que celle
des corps. Même si le fondamentalisme révolutionnaire islamique n'est pas né de la misère et
du sous-développement, c'est sur la misère et le
sous-développement qu'il prospère. Toute cam-
pagne militaire doit donc s'accompagner d'inves-
tissements immédiats et massifs, propres à faire
la différence, et à la montrer aux yeux de tous,
en fonction d'un plan précis de reconstruction.
Afin de prévenir les soupçons de corruption, il
faut charger de sa mise en œuvre un organisme
international, qui existe ou est à mettre en place
ad hoc.

Troisième volet, la diplomatie. Depuis la chute
du mur de Berlin, il n'y a plus d'ordre mondial
digne de ce nom. L'implosion de l'empire soviétique a rendu caduc l'équilibre de la terreur ;
l'hyperpuissance américaine interdit le retour pur
et simple à l'équilibre des puissances qui a
dominé la scène mondiale entre l'émergence de
l'État moderne et la Seconde Guerre mondiale.
Cependant, en s'enfonçant dans le bourbier irakien, les Américains ont fait la preuve par
l'absurde des limites de l'unilatéralisme théorisé

par les *think tanks* néoconservateurs, sans que le multilatéralisme cher aux Européens se montre près de le remplacer. Il faudrait pour cela que l'Europe se donne un début d'existence. Par ailleurs, personne ne sait que faire des institutions héritées de la guerre froide, au premier plan desquelles l'OTAN. Enfin, les Nations Unies n'ont d'existence que virtuelle, au bon vouloir des nations qui les composent. C'est dans ce vide anarchique que prospère le terrorisme international, impunément soutenu par des États « voyous » avec lesquels, après l'expérience irakienne, on vérifie derechef, à un autre niveau, le mot immortel d'Aron : « La guerre est impossible, la paix improbable. »

Mais pour commencer à bâtir quelque chose qui ressemble à un ordre mondial dans ce champ de ruines, il est important de reconstituer sa pierre angulaire : l'unité de l'Occident. Je pense qu'un organe de concertation euro-américain au plus haut niveau est indispensable. Mais je ne veux pas m'occuper de technique, ce n'est ni le lieu ni le moment. Ce qui me paraît évident, c'est que, si on ne s'entend pas des deux côtés de l'Atlantique sur quelques principes fondamentaux de conduite internationale et sur quelques règles simples d'action pour les imposer, toute « guerre contre le terrorisme » est vouée à l'échec. Deux conditions à cela : que les Américains, dont la culture politique est « de Mars », comme le dit doctement le néocon Robert Kagan, traitent leurs alliés autrement qu'en supplétifs, et qu'ils réapprennent les vertus de la diplomatie. Et que les Européens, soumis, paraît-il, aux charmes de Vénus, comprennent que l'art du compromis a des limites et que toute diplomatie qui n'est pas étayée par la force n'est qu'un exercice futile. Petit à petit, sous la pression des circonstances, on avance, semble-t-il, dans la bonne direction.

Il y a bien une troisième condition, la plus importante sans doute : qu'Américains et Européens redécouvrent, ensemble, le socle commun de leur civilisation. La reconstitution de l'unité de l'Occident n'a de sens que si elle repose sur des valeurs partagées, nettement définies et fortement affirmées – des valeurs peu nombreuses, mais qu'il a fallu des siècles et d'innombrables sacrifices pour arracher et sans lesquelles la vie ne vaudrait pas d'être vécue, des valeurs qui méritent qu'on les défende avec le même acharnement que leurs ennemis mettent à les détruire. C'est à ce prix que l'Occident pourra parler haut et fort dans le monde, et que sa voix sera entendue et respectée.

Pour mieux comprendre cela, il nous faut faire un détour par l'Europe.

Il y a environ vingt millions de musulmans en Europe – Asiatiques et Africains, Arabes et Turcs, qui présentent tout le spectre des attitudes religieuses possibles, de l'indifférence au fanatisme en passant par divers degrés d'observance. Si « religion » est, comme on a vu, un mot-valise, « islam » l'est tout autant. Leur niveau d'intégration est variable, lui aussi, en fonction de critères objectifs, telles la génération ou la profession, et subjectifs, comme la disponibilité personnelle à se fondre dans l'environnement ou, au contraire, à préserver une identité culturelle forte.

Pour hétérogènes qu'elles soient, ces populations n'en présentent pas moins certains traits de caractère communs. Les musulmans européens tendent à vivre regroupés en communautés, soit dans les banlieues des grandes villes, comme en France, soit dans des quartiers centraux peu ou prou abandonnés par la population autochtone, comme à Bruxelles ou à Londres, et le plus souvent mal intégrées. Ils sont plus pauvres et souffrent d'un taux de chômage plus élevé que leurs compatriotes « de souche ». La plupart d'entre eux sont arrivés en Europe en plusieurs vagues depuis la fin de la Seconde Guerre mondiale, dans un échange mutuellement bénéfique et apparemment temporaire : les immigrés avaient besoin de travail, l'Europe dévastée par la guerre était affamée de main-d'œuvre pour les travaux herculéens de la reconstruction. Turcs exceptés, ils sont venus d'anciennes colonies ou protectorats, le plus souvent dans leur ex-métropole, avec tout le poids affectif et idéologique que ce passé commun implique. Enfin, culturellement différents et plutôt visibles, ils sont minoritaires au sein des sociétés d'accueil, ce qui constitue une pénible nouveauté dans l'histoire de l'islam, du moins dans l'histoire de l'islam arabe. Cette nouveauté n'est pas que la leur, c'est aussi celle de l'Europe. En effet, pour la première fois de son histoire, l'Europe est confrontée à la tâche difficile d'intégrer une masse énorme d'immigrants non-européens. C'est un défi redoutable, qu'elle a du mal à relever.

Non que tout soit sombre dans ce tableau. Un sondage du PEW Global Attitudes Project, effectué dans treize pays et publié un an après les attentats de Londres du 7 juillet 2005, nous apprend que les musulmans européens sont en général plutôt contents de leur sort dans leur pays de résidence, plus en tout cas que la population d'ensemble des quatre grands pays sondés

(Grande-Bretagne, Allemagne, France, Espagne) ne l'est du sien. La plupart des musulmans de ces pays se réjouissent du rôle accru de la femme musulmane dans leurs sociétés, favorisent généralement un islam modéré et ne voient pas la majorité des Européens comme hostiles à l'islam. Mieux, en France, malgré les émeutes de novembre, les Français qui pensent que l'immigration du Proche-Orient et de l'Afrique du Nord est une bonne chose pour leur pays sont plus nombreux qu'une année auparavant. Ne nous leurrons pas cependant. Le même sondage montre que l'islam reste le principal pôle identitaire des musulmans. Dans l'ensemble, l'intégration de ces communautés en Europe n'est pas vraiment un succès.

Vous me direz qu'il n'existe pas de critères absolus d'une intégration réussie, et vous aurez raison. On peut être Européen « de souche » et rejeter les normes de la démocratie libérale, voire s'adonner à la violence. Les Français, qu'une solide tradition fait osciller entre la soumission et la jacquerie, en fournissent une excellente illustration. Inversement, des millions d'immigrants vivent une vie sans histoires, sans pour autant se fondre dans la culture ambiante. N'ergotons pas. Quels que soient les critères adoptés, il ne sert à rien de se voiler la face, il y a bien un problème spécifique d'intégration des musulmans. Si on veut comprendre les ressorts du fondamentalisme révolutionnaire islamique, on ne peut pas ne pas en tenir compte.

Il existe en Europe deux modèles d'intégration, issus tous deux de processus historiques que je n'ai pas le temps de développer ici : le modèle républicain français et le modèle communautaire britannique. Le premier cherche à intégrer en passant les identités étrangères par la moulinette et en transformant les immigrés en Français. Le second parie sur la préservation des identités étrangères dans une mosaïque de communautés.

Les deux ont convenablement fonctionné. Le modèle français, fortement idéologique, s'est avéré une formidable machine à intégrer, qui a broyé des générations de Polonais, Italiens, Espagnols, Portugais et Juifs pour en faire des citoyens français, tous fiers descendants de blonds Gaulois aux moustaches blondes. Le modèle britannique, historiquement fondé sur une approche purement pragmatique, a eu moins de mérite, la Grande-Bretagne n'ayant jamais été un pays d'immigration massive. Ce n'est que récemment, lorsqu'il l'est devenu, que ce modèle a acquis une dimension idéologique : le multiculturalisme. Cela est vrai pour d'autres pays européens, comme les Pays-Bas, la Belgique et l'Allemagne, qui ont adopté plus ou moins le même modèle d'intégration, et la même idéologie.

Aucun des deux ne fonctionne plus. Leur faillite est vieille d'au moins deux décennies, mais elle était tapie à l'abri de solides murailles idéologiques ; des tragédies récentes – l'assassinat du cinéaste Theo Van Gogh à Amsterdam, les attentats de Londres, les émeutes dans les banlieues françaises – ont abattu les murailles et rendu l'échec visible à l'œil nu. Il faut accepter l'évidence : les deux modèles, chacun par ses propres inconséquences, ont créé des ghettos. Encore une fois, le temps me manque pour les nuances – après tout, un modèle n'est pas censé rendre compte de toutes les complexités de la vie. Allons à l'essentiel : je pense que le modèle britannique était erroné dans son principe et le modèle français dans son application.

Le multiculturalisme est un leurre. On ne bâtit pas une société digne de ce nom, ce qui implique une langue dans laquelle on puisse se comprendre, un minimum de culture commune, une mesure de mémoire partagée, en enfermant les gens dans leur propre langue, leur propre culture et leur propre mémoire. Les Anglais se sont réveillés le lendemain du carnage du 7 juillet et ont découvert qu'une troisième génération de musulmans britanniques, née et éduquée en Grande-Bretagne, ne parle pas anglais. Et les si tolérants Néerlandais, qui ont déjà fait une idole d'un populiste comme Piet Fortuyn, sont en train de se muer depuis l'assassinat de Van Gogh en une société dure, peut-être la plus xénophobe d'Europe.

L'idéologie multiculturaliste est parfois ambiguë ; elle sert alors d'habillage présentable au bon vieux racisme. J'en ai eu l'illustration parfaite un jour, aux Rencontres de Pétrarque à Montpellier, en écoutant Alain de Benoist, à l'époque un des intellectuels en vue de l'extrême droite française, se livrer à une défense passionnée du multiculturalisme. Mais sous ces oripeaux neufs et chics se cachait une idée vieille comme le monde : chacun chez soi, et les cochons seront bien gardés...

Mais le plus souvent, l'idéologie multiculturaliste part d'un bon sentiment ; elle pèche alors par naïveté. Côté immigrés, elle ne comprend pas que les cultures se transportent mal. Transplantées ailleurs, elles s'étiolent. L'émigré se dépouille toujours d'une part de son identité pour accueillir celle que lui propose sa nouvelle patrie. Dans le meilleur des cas, ce qui en reste se mêle à celle qu'il trouve sur place pour, avec de l'ancien, créer du neuf. Dans le pire, elle se fige dans le folklore rancunier, amer et agressif. Côté sociétés d'accueil, le multiculturalisme refuse de voir que le corps social ne saurait supporter sans réagir n'importe quelle greffe, à n'importe quelles conditions. Il n'y a pas de critères scientifiques pour déterminer le fameux « seuil de tolérance » ; mais, n'en déplaise aux idéologues, il existe, qu'on le veuille ou non. Bref, qu'il soit pervers ou sincère, le multiculturalisme conduit au ghetto.

Alors, vive l'intégration à la française ? Hélas, ce n'est pas aussi simple. Il y a de cinq à six millions de musulmans en France, peut-être davantage – nul ne le sait puisque la loi républicaine défend de compter les hommes en fonction de leur ethnie, race ou religion. Une chose est certaine : la France abrite, de loin, la plus forte communauté musulmane d'Europe. La plupart sont originaires d'Afrique du Nord, surtout d'Algérie, souvent citoyens français de deuxième et troisième générations. Or, ils sont plutôt moins bien intégrés que ne l'étaient leurs parents et grands-parents. Pourquoi ?

L'explication est à chercher à la fois chez les immigrés et dans la population d'accueil. Trois facteurs me paraissent déterminants : l'économie, la démographie et la culture. Les « Trente Glorieuses » ont été suivies par une période de vaches maigres, génératrice d'angoisse et de réactions de rejet. Les immigrés d'origine musulmane sont beaucoup plus nombreux que tous ceux qui les ont précédés. Et ils ne sont pas européens : porteurs d'une civilisation différente, dont la composante française leur a été imposée par la colonisation, ils ne cherchent pas nécessairement à se fondre dans la culture ambiante. Pour dire les choses brutalement, une chose est d'intégrer des Espagnols, des Italiens ou des Juifs polonais, une autre des Maghrébins. Ceux-là, qui souhaitaient ardemment devenir français, et dont chaque naturalisation était l'occasion d'une fête de quartier, avaient choisi leur condition ; ceux-ci la subissent.

Pour avaler cette immigration-là, il aurait fallu une France à l'estomac solide, sûre d'elle-même et de ses valeurs. Or, contrairement aux apparences, la culture politique française a beaucoup changé au cours des trente dernières années. En proclamant officiellement la mort de l'*éthos* jacobin, les lois Defferre n'ont fait que sanctionner une évolution profonde des mentalités. Les cadres intégrateurs français, notamment l'armée et l'école, se sont effondrés. Cause ou conséquence, peu importe, les Français ont perdu confiance dans la supériorité et l'efficacité de leur modèle. Le complexe colonial que j'évoquais tantôt a fait le reste. Certes, ce complexe est cultivé surtout par la gauche ; mais la gauche, sociologiquement minoritaire, reste moralement dominante. Il ne faut pas chercher ailleurs la raison de l'apathie coupable du gouvernement Jospin lors de la première vague d'agressions antisémites, à l'automne 2000.

Quel rapport entre l'échec des modèles d'intégration et l'islamisme ou le fondamentalisme révolutionnaire, dites-vous ? Un rapport évident, me semble-t-il. L'incapacité d'intégrer, c'est-à-dire de donner un contenu à la citoyenneté de millions de citoyens aliénés, de créer les conditions d'une appartenance véritable à ce « principe spirituel » qu'est la nation, est nécessairement génératrice de frustration, d'enfermement communautaire, de quête de sens là où on a une chance de le trouver. Tous ne deviennent pas pour autant des fanatiques prêts à tuer et à se faire tuer, loin s'en faut ; mais les conditions sont réunies pour que certains le deviennent. Inversement, on a vu qu'une intégration harmonieuse n'est pas à

elle seule une garantie contre le fanatisme meur-
trier ; mais ses chances de recrutement en pâti-
raient grandement.

En effet, la tâche de socialisation que l'État est
incapable d'accomplir, c'est l'islamisme qui s'en
charge. Financé par l'argent saoudien et par
l'internationale des Frères musulmans, un vaste
réseau d'organisations fait un remarquable travail
d'islamisation en profondeur des communautés
musulmanes. Ces mosquées, associations, institutions charitables et éducatives ne sont pas direc-
tement terroristes. Leur stratégie, qui vise le long
terme, se déploie en quatre directions : s'assurer
le monopole de la représentation des communautés musulmanes – comme l'État français, en quête
d'interlocuteurs et désireux d'organiser l'islam
français sur le modèle consistorial juif, en a fait
l'amère expérience ; empêcher l'assimilation des
musulmans d'Europe, en préservant et en affir-
mant leur identité ; renforcer leur propre capacité
d'influence sur la politique nationale dans les
zones chaudes – en Irak, en Palestine, au Liban ;
et transformer graduellement l'islamisme en une
force politique en Europe. Ainsi, un réseau serré
d'institutions judiciaires, animé par des juristes et
des prédicateurs islamistes influents comme le
Qatari d'origine égyptienne Yusuf al-Qaradawi,

ne se contente pas de fournir aux musulmans européens des solutions tirées de la charia pour tous les problèmes qu'ils affrontent dans leur vie quotidienne. Armés des technologies modernes de la communication de masse, qui leur permettent d'atteindre des millions de dévots, ces boutefeux leur offrent par la même occasion une idéologie de résistance et de combat. Certes, ils ne prêchent pas nécessairement l'action violente sur le sol européen. Mais, en exaltant le terrorisme contre les Américains en Irak et contre les Israéliens, civils compris, ils popularisent l'idée que la violence est légitime. Ils font mieux que cela : en habillant leur discours à usage externe d'une défroque « anti-impérialiste », ils intimident les dirigeants de ces communautés et les faiseurs d'opinion non-musulmans. Tout en condamnant du bout des lèvres les actes de terreur perpétrés dans leur propre pays, ces derniers sont sommés de « comprendre » la « frustration » et la « colère » de la rue arabe face à la politique de leur gouvernement – dans le cas de la Grande-Bretagne, par exemple, le soutien de Blair à son ami Bush. C'est ainsi qu'une pétition des dirigeants de la communauté musulmane britannique a osé accuser le gouvernement de leur pays de mettre en danger la vie de ses citoyens. La signification est claire : avant de décider quelle politique adopter, le gouvernement élu d'un pays démocratique doit soigneusement peser les risques qu'elle entraînerait pour ladite « rue arabe », qu'il importe de ne pas s'aliéner, y compris, le moment venu, dans les urnes.

Est-il trop tard pour redresser la barre ? En poste à Paris, j'ai profité de mes nombreux déplacements en province pour poser cette question aux préfets, auxquels je n'ai jamais manqué de rendre visite. Ces remarquables serviteurs de l'État, aussi près du terrain que les maires mais libres des contraintes politiques qui pèsent sur ces derniers, sont sans doute les mieux à même d'y répondre. Certains m'ont répondu par l'affirmative, d'autres se sont voulus plus optimistes. Aucun n'a prétendu que le problème n'existait pas ou que la France faisait ce qu'il fallait pour le résoudre. Tous ont affirmé qu'il fallait renouer avec la tradition d'intégration républicaine. L'un d'eux a eu cette formule : respecter les autres, se respecter soi-même, exiger le respect des autres pour soi-même. Bien dit, non ?

Cela passe par la réaffirmation de quelques règles simples, dont l'application ne doit souffrir aucune discussion, aucune compromission, aucune dérogation. Ici, on ne bat pas sa femme, on n'excise pas sa fille, on ne tue pas sa sœur sous prétexte qu'elle a souillé l'honneur de la famille en refusant le mari qu'on voulait lui imposer. Ici, la conscience est autonome et la religion relève du libre choix de l'individu. Ici, on ne tolère aucune manifestation de sectarisme religieux, les prêches haineux sont proscrits, l'incitation à la violence est interdite par la loi. La République est bonne fille, elle doit réapprendre à sortir ses griffes.

Elle ne doit pas seulement interdire qu'on enfreigne ses lois, elle doit exiger qu'on embrasse son éthique. Comme ils n'ont plus la force de l'évidence (mais l'ont-ils jamais eue ?), l'octroi de la citoyenneté doit s'accompagner d'un serment d'allégeance aux principes fondamentaux de la démocratie.

Surtout, l'arène de combat dans laquelle se gagne ou se perd l'âme du citoyen de demain étant l'école, la République doit absolument reconquérir ses « territoires perdus ». Je sais, c'est plus facile à dire qu'à faire. Ghettos urbains, chômage et pauvreté, classes peuplées à près de 100 % d'enfants issus de l'immigration, violence endémique, avenir bouché... Les conditions de l'intégration par l'école ne sont pas idéales. Mais si on attend qu'elles le soient pour agir, on ne fera jamais rien ; après tout, elles ne l'étaient pas non plus dans la France pauvre et rurale de Jules Ferry. L'interdiction du voile, justement compris comme une agression contre les valeurs de la république dans le lieu même où elles sont censées être le mieux défendues, est un bon début, mais ce n'est que cela. L'école doit redevenir le lieu où les enfants apprennent à se reconnaître dans un passé commun ; sinon, pourquoi vivrais-je ici plutôt qu'ailleurs, et pourquoi respecterais-je des lois qui n'ont pas été faites par moi et pour moi, mais pour d'autres, contre moi ?

En un mot comme en cent, il s'agit de réhabiliter l'héritage des Lumières. J'avais défendu naguère la mention des racines chrétiennes de l'Europe dans le projet de Traité constitutionnel. Il ne s'agissait évidemment pas d'exalter l'histoire de l'Inquisition espagnole, ni de rallier la bannière de Radio Maryja. J'avais omis, tellement cela me paraissait évident, de rappeler que le christianisme, en Occident, a été corrigé par les Lumières. Or, cet héritage-là prend l'eau de toute part, en Occident en général et en France en particulier – voyez la montée en puissance de la logique communautariste, avec son obsession identitaire, ses mémoires victimaires concurrentes, sa propension à punir ceux qui tentent de

s'en émanciper par la parole ou l'écrit, et qui
enferme l'individu dans des camisoles de force
qu'il est censé porter jusqu'à la fin des temps : le
sexe, la race, l'origine... Comment, dans ces
conditions, lutter contre les « identités meurtriè-
res » dont a si bien parlé Amin Maalouf, et contre
la plus meurtrière de toutes, l'identité religieuse
fondamentaliste ?

Mais si les démocrates ne font pas ce travail,
les fascistes le feront. Est-ce un hasard si les pays
les plus fortement impliqués dans cette affaire
absurde des caricatures danoises enregistrent la
plus forte progression des partis d'extrême droite
– au Danemark, le Parti du peuple danois (PPD)
de Pia Kjærsgaard, en Norvège, le Parti du pro-
grès (FRP), crédité désormais de près du tiers des
intentions de vote et qui se trouve ainsi propulsé
à la première place dans les sondages. Or qui a
envie de vivre dans un monde où la politique se
réduirait à un affrontement entre fascistes islamistes et fascistes tout court ?

Contre le « dialogue des civilisations »

Au terme de ce pamphlet, je ne puis me défendre d'un sentiment de mélancolie. J'ai toujours pensé que le soupir de Valéry sur « nous, civilisations, qui nous savons désormais mortelles », procédait d'une espèce de dandysme esthétique sans grande conséquence. Je commence à croire qu'il n'avait pas forcément tort. Une civilisation qui perd confiance en elle-même jusqu'à perdre le goût de se défendre, entame sa décadence. En effet, le combat contre ses ennemis ne peut pas être du seul ressort de la justice et des forces de l'ordre ; il doit être gagné d'abord sur le plan moral. Ce combat-là me semble mal engagé.

Dans ses *Formes élémentaires de la vie religieuse* (1912), Durkheim reconnaissait à la religion « quelque chose d'éternel qui est destiné à survivre à tous les symboles particuliers dans lesquels la pensée religieuse s'est successivement développée ». Il semble bien, en effet, que toute communauté a besoin pour perdurer d'un ensemble de valeurs qui transcende les individus et donne sens à leur existence collective. C'est sans doute là que le bât blesse en Occident. Atomisée, centrée sur l'individu et ses droits inaliénables, la société libérale, au sens classique du terme, a perdu le sens du sacré – je dis bien du sacré et non du religieux. Les Droits de l'homme restent l'héritage le plus précieux des Lumières, mais ils ne sauraient à eux seuls fonder la communauté. François Furet a magistralement montré naguère que c'était à cause de cette incapacité à imaginer un substitut convaincant au socle collectif de l'État d'Ancien Régime que les hommes de 89 ont eu tant de mal à créer des institutions stables sur ses ruines. D'où le besoin d'une religion civile, dont nous savons les ingrédients : les Droits de l'homme, bien sûr, mais aussi l'histoire, la nation souveraine, la Constitution, la république. Après un bon siècle de balbutiements, cela a fonctionné plutôt bien. Cela ne fonctionne manifestement plus. Peut-on ressusciter cette religion civile ? Je ne sais pas.

Ce que je sais, en revanche, c'est qu'il est urgent de réaffirmer les règles indispensables à la domestication du « numineux », comme disent les savants, et à son maintien dans des limites civilisées. Ces règles existent ; cela s'appelle la laïcité. Cette laïcité, sans laquelle il n'est pas de démocratie possible, il vous faut la défendre bec et ongles, sans nuances ni faiblesse.

Le malheur est que la laïcité ne s'exporte pas plus que la démocratie, qui lui est consubstantielle. Alors, entre les sociétés qui respectent la laïcité, c'est-à-dire la liberté, et celles qui ne comprennent même pas ce que cela veut dire, on a inventé le « dialogue des civilisations ». C'est un miroir aux alouettes. Car de quoi peut-on bien parler dans ces séances de « dialogue », où l'on fait assaut d'hypocrites amabilités ? Des textes ? Mais les textes, on l'a vu, ne disent que ce qu'on veut bien leur faire dire. C'est donc de cela qu'il faudrait parler ; mais c'est précisément ce dont on ne peut pas parler. D'abord, parce que la manière dont les textes sont vécus est un problème *politique*, et que l'aborder sous cet angle équivaudrait à tuer ledit dialogue avant même qu'il ait

commencé. Ensuite, parce qu'il n'y a pas d'interlocuteurs qualifiés : qui, en effet, est habilité à
parler au nom de l'islam, ou du judaïsme, ou de
n'importe quelle autre « civilisation » globale ?
Surtout, parce que ces « civilisations » globales
sont des constructions commodes pour des esprits
hâtifs. La ligne de fracture passe au cœur des
systèmes de croyance. Pour dire les choses autrement, je me sens bien plus d'affinités avec un
musulman éclairé qu'avec un « coreligionnaire »
fanatique qui ose comparer l'évacuation de la
bande de Gaza à Auschwitz. Il y a la civilisation
et il y a la barbarie, et entre les deux il n'y a point
de dialogue possible.

Il vous faudra réapprendre à faire la guerre. Il
vous faudra vous armer de patience et de conviction, et tracer bravement la ligne de défense en
deçà de laquelle vous ne pourrez ni ne voudrez
reculer. Souvenez-vous de ce que je vous disais
au début de notre dialogue : il y va de la sauvegarde de vos valeurs, de vos libertés, de votre
mode de vie. Bref, de l'avenir de vos enfants.
Adieu.

Post-scriptum. Au moment de conclure, je
reçois une note d'un ami à qui j'ai fait lire ces
pages. Homme de pensée et d'action, c'est un

remarquable arabisant, fin connaisseur du monde musulman, de son histoire, de sa culture et de ses passions. Son nom ne vous dira rien, mais je fais grand cas de son opinion. Voici un extrait de cette longue lettre :

« Un combat *contre* quelque chose peut-il être "la grande affaire" du siècle ? Selon nos projections les plus fiables, si les tendances actuelles persistent, dans les cinquante prochaines années, peut-être moins, la plupart des citoyens d'un certain nombre de pays européens, dont la France, seront musulmans, ou du moins originaires d'un pays de culture musulmane. La "grande affaire", par conséquent, devrait être de construire quelque chose de nouveau, une nouvelle formule d'identité, d'ordre politique, de développement social et de solidarité humaine, dans une société globalisée dont l'identité culturelle s'est trouvée dramatiquement bouleversée par l'évolution démographique. Tu n'es pas certain qu'il soit possible de ressusciter la vieille religion civile républicaine ; mais, même si ce l'était, à quoi bon ? Ce système de valeurs était pertinent pour une société particulière, qui est en train de s'estomper sous nos yeux. Peut-on aller au-delà, vers un nouveau sacre qui reste à inventer ? Je n'en sais rien... »

Moi non plus, mon ami. Tout ce que je sais est qu'un « nouveau sacre », s'il devait advenir, n'adviendra pas par décret, ni, surtout, par la violence terroriste. Ne serait-ce que pour sauvegarder ses chances, il faut se battre afin de préserver la condition essentielle de sa venue au monde : la liberté de choix, c'est-à-dire la liberté tout court.

E.B.
Bruxelles, septembre 2006

Table des matières

Avertissement 9

PREMIÈRE THÈSE : « Religion » est un mot-valise 19

DEUXIÈME THÈSE : Toute religion est politique 27

TROISIÈME THÈSE : Le fondamentalisme est une lecture particulière de la religion 37

QUATRIÈME THÈSE : Le fondamentalisme révolutionnaire est une lecture totalitaire de la religion 45

CINQUIÈME THÈSE : Les religions révélées connaissent plus que d'autres la tentation du fondamentalisme révolutionnaire 51

SIXIÈME THÈSE : Le fondamentalisme révolutionnaire chrétien est parti battu 67

SEPTIÈME THÈSE : La chance du fondamentalisme révolutionnaire juif a été l'État, sa
  perte aussi   79
HUITIÈME THÈSE : L'islamisme est aujour-
  d'hui la forme la plus nocive du fondamentalisme révolutionnaire   95
NEUVIÈME THÈSE : Le combat contre le fondamentalisme révolutionnaire musulman
  est la grande affaire du XXIᵉ siècle   139
EN GUISE DE CONCLUSION : Contre le « dia-
  logue des civilisations »   165

Nᵒ d'édition : L.01EHQN000171.A002
Dépôt légal : mars 2008
Imprimé en Espagne par Novoprint (Barcelone)